心經

現代白話生活經典

花山勝友　著

68個人生大智慧

序言

對於大部分的人來說，「般若心經」這篇佛經的名稱，以及經文中的「色即是空」、「空即是色」，甚至經文最後「羯帝羯帝……」這句真言，不僅耳熟能詳，而且亦時常出現。

縱觀今昔歷史，除了這一篇「心經」以外，沒有任何經典，能受到如此眾多的人所喜愛及誦讀。

在以前，為了方便不識字的人唸誦，甚至還有所謂的「圖畫心經」，廣受民眾的歡迎。不過，關於這一篇經文的內容真義，卻幾乎沒有任何人去把它說明白。

或許是因宗教以及信仰並非屬於「道理」的範疇，以致人們才一知半解地認為經典的內容本來就是很深奧的，只要會讀它，至於內容的真義嘛，並不是那麼重要的！

然而到了現代，所有的事物都以科學的立場來說明，一切的事情莫不以利用頭腦理解為最優先。在這種時代背景之下，若有如符咒一般，在不明其理的情況下唸誦經文，將逐漸使人感到乏味。

正因為如此，近幾年來，坊間出現了許多經典解釋本，以及注解本。

既然如此，那麼為何要錦上添花似地再出版新的「般若心經」解釋本呢？恰有如人類的臉孔千變萬化一般，我認為人們對經卷的理解，亦可分為很多層次。或許有些人對以前出版的注釋本，還是無法理解，是故，我才著手編撰這一本書。

一旦降生於這個人世，隨著成長，我們每個人都希望在有生之年能有一番作為，但是卻往往未能達成，而不知不覺間邁入老境，這也是人生的一大悲哀。

生為萬物之靈的人類，應該趁著有生之年，好好地思考自己活著的真正意義。

一旦你存有這種心理，你就會感覺到「般若心經」所說的每件事，都是非常適切的人生教導。

焦躁、鬱悶、呆板、狹隘——等叫人厭煩的生活方式，只要你能夠理解這一篇經卷的精髓，就能夠消除泰半。

我儘量把這本書寫成……每翻一頁，就能夠發現嶄新的生活方式。我由衷希望，每一位讀過這本書的人，都能夠了解人類生活方式的真諦。

目錄

序言／005

般若心經全文與現代語譯／014

序 般若心經活於現代／019

1《般若心經》能教我們生存之路／020

2 三藏法師所翻譯的經典／022

3《般若心經》為般若經的精髓／024

4 教義使用何種語言陳述？／026

5 比海深，比太空更為廣大／028

一 包括一切智慧之世界／031

1「佛」就是指釋迦這個人／032

2 只有兩百六十餘字的「巨大世界」／035

3 般若是佛陀所獲得之正確智慧／037

4 波羅蜜多是到達開悟世界的方法論／040
5《心經》是佛陀教義的精華／044
6 永垂不朽的教義／045

二 「今日」才有幸福？／049

1 觀自在，觀世音，觀音菩薩／050
2 觀音超越性別／052
3 改變容姿救拔眾生的觀音菩薩？／054
4 觀音菩薩是慈悲的象徵／056
5 目的並不止於現世利益／060
6 所謂的波羅蜜多是指六種修行／061
7 六波羅蜜乃是「彼岸」的起源／064

三 解除迷惘以及痛苦／069

1 人類存在的本身就是痛苦／070
2 有而似無者就是「空」／072

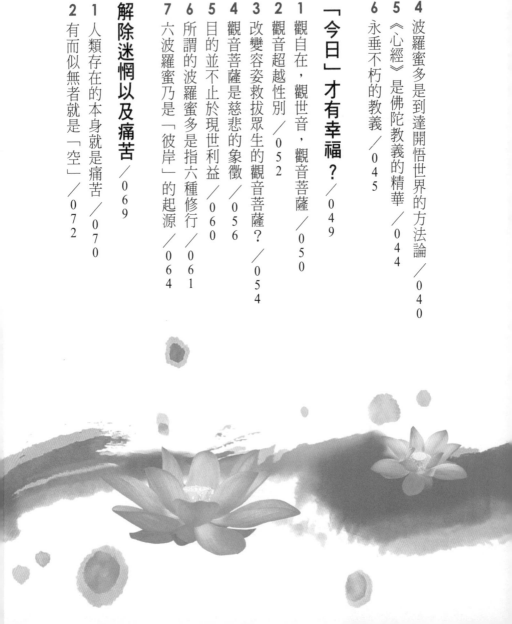

3 看到了真正的姿態嗎？／074
4 為何會迷惘、煩惱以及痛苦呢？／076
5 遠離愛與怨憎的話／080
6 一切的苦厄來自身・口・意／082

四 一切都是「空」／087

1 舍利子是釋迦十大弟子之一／088
2 「色即是空」乃是捕捉世間真實的智慧／091
3 「空」到底是什麼呢？／094
4 冷眼看著既有的現實／096
5 心有時也會變／100
6 「不異」與「即是」相同嗎？／102

五 超越時空而活著／107

1 因為會變化，所以沒有實體／108
2 「我」是一時的假象／110

3 死亡後也不能化為烏有／114
4 這個世界沒有所謂的「絕對」／116
5 永遠之美只不過是虛幻而已／118
6 勿受部分現象及存在物所拘束／120
7 人類不可能滅亡／124

六 捕捉這個世界的真實／129

1 你還「揹」著那個女人嗎？／130
2 看、聽、氣味……一切都相同／132
3 看無之物，聽無之音／134
4 縱然有東西，如果沒有看的意志的話……／136
5 沒有眼睛亦能看到「真實」／139
6 意識到，但是要貫徹於無意識／140
7 這個世界的一切都是空都是無／141

七 無始也無終，一切都無／149

1 所謂的無明也者，乃是指不知世間的真理／150
2 「十二緣起」從無明開始，止於老死／152
3 輪迴轉生的想法／155
4 四個真理也是「空」／158
5 人類本來就是一無所有／162

八 自由而寬大的心／167

1 菩薩乃是努力向開悟邁進的人／168
2 到底害怕一些什麼呢？／171
3 只要持著平常心，就不會引起恐怖心／174
4 覺悟到自己的無力／176
5 所謂涅槃就是指「死有如生」的境地／178
6 以原本的姿態活著？／182

九 以本來面目生活的妙樂／187
1 三世諸佛之一為釋迦牟尼／188
2 獲得「完全而正確的智慧」／192
3 般若波羅蜜多的實踐／194
4 所謂「咒」，乃是用文字表示真理的東西／196
5 四種咒的含意／198
6 正確的智慧才能拔除一切痛苦／200
7 把一切看成空吧！／202

十 飛翔到安樂的世界！／207
1 踏出到彼岸的第一步？／208
2 所謂真言，乃是表示開悟內容的祕語／210
3 再也不回到迷執的世界／212
4 到達開悟的世界／214
5 「可喜可賀」／216
6 佛的說法到此結束／218

大家一起讀心經

佛說摩訶般若波羅蜜多心經

唐三藏法師玄奘譯

觀自在菩薩
行深般若波羅蜜多時
照見五蘊皆空
度一切苦厄
舍利子
色不異空　空不異色
色即是空　空即是色
受想行識　亦復如是

●現代語譯

關於偉大而深妙的智慧修行方面，佛陀藉著這部經典，說出了其中最為重要的教義。

觀自在，也就是觀音菩薩在修行深妙的智慧之際，痛感構成人類五種要素的東西，都是沒有實體之物，是故，祂要救出眾生，使其脫離一切痛苦的災厄。

舍利子啊！有形跟沒有實體是相同的，沒有實體跟有形也是相同的。也就是說，正因為有了形體，才等於沒有實體，沒有實體，才等於有了形體。四種內心作用：感覺、記憶、意志、知識等，也跟有形之物完全一樣。

舍利子
是諸法空相
不生不滅
不垢不淨　不增不減
是故空中無色　無受想行識
無眼耳鼻舌身意
無色聲香味觸法
無眼界　乃至無意識界
無無明　亦無無明盡
乃至無老死　亦無老死盡

舍利子啊！這正意味這個世界的所有存在物以及現象，都是沒有實體之物。

是故，那些事物本來就不生不滅，既不骯髒、不乾淨、不增加，也不減少。

因此，所謂無實體的事物中，沒有一件具有形體，更沒有感覺、記憶、意志、知識等精神作用，亦沒有眼、耳、鼻、舌、身體以及心等六種感覺器官。甚至，沒有形、音、香、味、接觸感、心的對象等等。各種感覺器官的對象，更沒有接受它們從眼識到意識為止的六種心的作用。

無所謂無知，無知是沒有盡期的；甚至沒有衰老死亡，老與死皆無盡期。

無苦集滅道
無智亦無得　以無所得故
菩提薩埵　依般若波羅蜜多故
心無罣礙
無罣礙故　無有恐怖
遠離顛倒夢想　究竟涅槃
三世諸佛　依般若波羅蜜多故
得阿耨多羅三藐三菩提
故知般若波羅蜜多
是大神咒　是大明咒

對於痛苦以及痛苦的原因，既無法消除它們，也沒有消除的方法。

正因為沒有任何東西可得，故無法獲得智慧與好處。

因為求開悟的人們都會修行深妙的智慧，並且完成它，所以心中沒有任何的掛慮。既然沒有掛慮，當然不會有所恐怖，可以遠離所有錯誤的想法，最後就可以到達永遠寧靜的境地。

過去、現在及未來的三世諸佛，由於修行深妙的智慧，很自然地就能夠獲得至高無上的開悟。

是故，所謂修行深妙的智慧，才是偉大的真言、最高的真言，也是無以倫比的

是無上咒　是無等等咒
能除一切苦　真實不虛
故說般若波羅蜜多咒
即說咒曰：
羯帝　羯帝
波羅羯帝
波羅僧羯帝
菩提薩婆訶
般若心經

真言。只有它能消除一切的痛苦，此乃真實而非虛妄之事。

最後，我要列出修成智慧的真言。那一段真言如下——

「往前走、往前走，走到彼岸。完全地到達彼岸的人，才是真正到達領悟之境的人。可喜可賀！」

——這是一部對智慧的修成有著最重要教諭的聖典。

序 「般若心經」活於現代

❶《般若心經》能教我們生存之路

誕生
死、愛、別離
異性、幸福、家族
財產、傳統……

我們誕生於這個世界以後，經過了成長、老化、生病，一直到迎接死亡的絕對事實為止，都必須經過種種的考驗與磨難。

有時會受到無上的愛所包圍，享盡幸福；然而，有時也會受到別離的不幸所打擊。

有人獲得莫大的財富，也有一些人

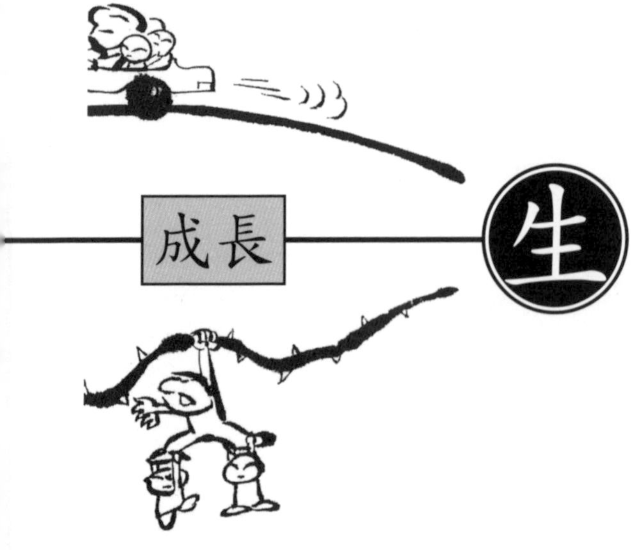

為了三餐疲於奔命。

更有一些人陶醉於成功的滿足感，然而，也有一些人會陷於失意的深淵，甚至連一絲光明也看不到。

這到底是為什麼呢？

到底是誰那樣安排的呢？

在這世間做為一個人，到底應該如何度過他的一生呢？

正因為有自以為迷惘、煩悶的人們，因此《般若心經》的教諭，才會格外受到注目。

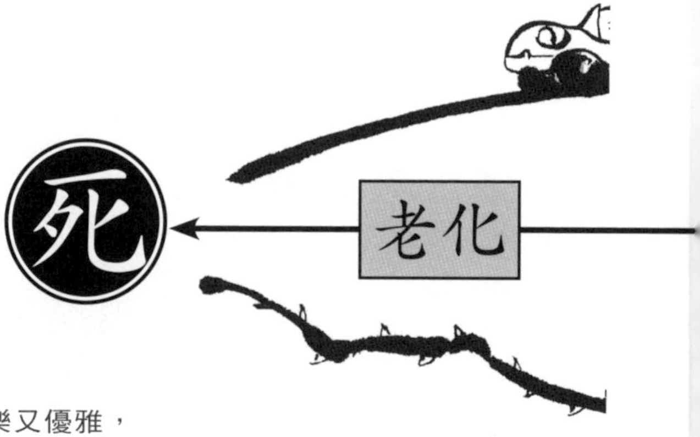

有人生活得又快樂又優雅，
也有人痛苦地度過一生……
這就是「人生」。

2 三藏法師所翻譯的經典

・玄奘由天竺歸來，譯了「般若心經」

〔唐三藏法師玄奘譯〕

一聽到三藏法師的名字，大家都會不約地想到他跟孫悟空一塊到天竺（印度）取經的故事。

從岩石中蹦出來，具有種種神通能力的孫悟空、豬化身的豬八戒，以及居住於流沙河中的沙悟淨，乃是後人所杜撰的小說中的人物。

不過，世稱「三藏法師」的那一位和尚，本名叫做玄奘，乃是被稱之為唐三藏的真實人物。

唐三藏生於西元六〇〇年（隋文帝開皇二十年，俗家姓名叫陳禕），西元六二九年（唐貞觀十三年）以唐太宗御

弟的身分到天竺取經。在途中受到種種的磨難，吃盡了苦楚。抵達目的地後認真鑽研佛教，十六年後，約西元六四五年，帶著好幾百部用梵文書寫的佛教經典回到長安。

玄奘旅行的紀錄，被整理成一部《大唐西域記》，後來《西遊記》就是根據這一部書寫成的。

回到長安的唐三藏，一直到二十年後去世為止，前後把多部的經典翻譯成中文，其中之一就是《般若心經》。

3 《般若心經》為般若經的精髓

玄奘從天竺帶回的中國佛教經典中，以所謂「般若部」的經典最多。

通常人們提起經典時，都會不約而同地想到所有的佛教經典。事實上，佛教經典包括了——經、律、論三種。

「經」佛教開山祖釋迦的教論。

「律」僧人在日常生活上，所必須遵守的戒律。

「論」對於釋迦教論的解釋及注釋。

把這三種經典整理在一起者，稱之為「三藏經」或「大藏經」，數目超過五千部。

所謂的佛教，乃是開山祖釋迦在紀元前五世紀創立的宗教。不過，那麼多的經典並非在一個時期裡完成，而是經過了幾百年以後，方才慢慢地被整理成今日的形態。

到了西曆的紀元前後，佛教分成了兩大流派。

在這以前，佛教以出家的僧人為中心，教義方面也偏向消極、虛無的解釋。也就是所謂的「小乘佛教」。

後來，才又興起了「大乘佛教」。

最初的大乘經典為「般若經」，而首先把它譯成中文者，就是玄奘。

般若經本身就是部龐大的經典群，而取出其精髓，並整理成冊者，即是流傳千古的《般若心經》。

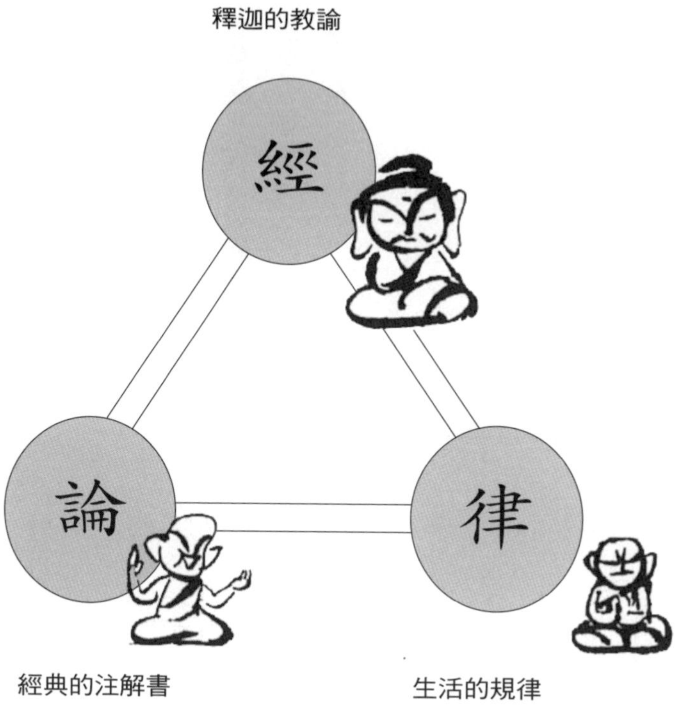

〈經典的三大種類〉

4 教義使用何種語言陳述？

佛說摩訶般若波羅蜜多心經

觀自在**菩薩**　行深**般若波羅蜜多**時　照見五蘊皆空　度一切苦厄

舍利子　色不異空　空不異色　色即是空　空即是色　受想行識　亦復如是　舍利子　是諸法空相　不生不滅　不垢不淨　不增不減　是故空中　無色無受想行識無眼耳鼻舌身意　無色聲香味觸法　無眼界　乃至無意識界　無無明　亦無無明盡　乃至無老死　亦無

現代人所聽到的佛經，都是把中文寫成的經典，照樣地唸誦下去而已！

那麼，佛教開山祖釋迦牟尼到底是使用哪一種語言說教呢？

關於這一點雖然眾說紛紜，然而，其實那些被保留下來的文章，不是使用古代印度梵文寫成，就是使用一種俗稱「巴里文」的文字書寫而成。

這以後，使用巴里語寫成的經典，從印度傳到南方各國，變成上座部佛教（也稱為小乘佛教）的經典。

另一方面，利用梵文寫成的經典，被大乘佛教（也就是地方佛教）當成經典。這些經典主要從印度傳到北方，以漢文和藏文為始，前後被翻譯成各種國

老死盡　無苦集滅道　無智亦無得以無所得故　**菩提薩埵**　依**般若波羅蜜多**故　心無罣礙　無罣礙故　無有恐怖　遠離一切顛倒夢想　究竟涅槃　三世諸佛　依**般若波羅蜜多**故　得**阿耨多羅三藐三菩提**　故知**般若波羅蜜多**是大神咒　是大明咒　是無上咒是無等等咒　能除一切苦　真實不虛　故說**般若波羅蜜多**咒　即說咒曰　**揭帝　揭帝　波羅揭帝　波羅僧揭帝　菩提薩婆訶　般若**心經

家的語文，廣為傳播。

如此這般，從梵文被翻譯為中文，再流傳到日本、朝鮮等地方，就是現在的《般若心經》。

《般若心經》中仍然有很多梵語的音譯，漢譯字本身並沒有任何的意義。或許是由於其內容很深奧，又被認為是形而上的東西，不適於翻譯，以致才採用音譯的方式吧！

5 比海深，比太空更為廣大

在兩千多年前，釋迦一直認真地在探求所謂的生存到底是怎麼一回事，經過了一連串探索以後，他終於發現了其究極。利用文字表現釋迦教論的《般若心經》到底要向我們傳達一些什麼呢？

事實上，除了釋迦本人以外，沒有任何人知道這一點。對於《般若心經》所表明的境地，平凡如吾輩者，可能永遠也無法理解呢！

以我這個凡夫來說，或許到了行將就木之時，才會想到：「唔……原來釋迦的教諭，是如此的奧妙啊……」

《般若心經》的世界又廣大、又深遠。或許「廣大、深遠」的字眼，都還不足以表達出它真正的廣大與深遠呢！

《般若心經》雖然只有短短的二百六十餘字，但是它卻能夠將我們從種種的苦惱以及迷惘中救出。

「勿受到任何事的拘束，以原本姿態，自由自在地活下去。」——至少我們能夠體會到這一點。

對於現在活著的我們來說，它也能夠教我們解決另外一個問題，那就是所謂「死」的絕對性事實。

那麼，這部《般若心經》到底是什麼東西呢？

佛說摩訶般若波羅蜜多心經

● 中譯

佛所說的摩訶般若波羅蜜多心經。

一、包括一切智慧之世界

● 現代語譯

針對偉大深妙智慧的實踐，佛透過這部經典，說出了其中最重要的教義。

〔佛說〕

1 「佛」就是指釋迦這個人

東方人乃是非常奇妙的人種。有些人在有生之年，過著跟宗教毫無關聯的日子，一旦死亡，他的家人就會慌慌張張地跑到附近的寺院，要求為死者舉行葬禮及佛事。

如此做的理由很單純，因為長久以來，他們就如此做了。而且，社會一般人都認為——不管死者是何等人，死了以後一律都會「成佛」。

那麼，在這部經典中所謂的「佛說」，是否即指死人所「說」的話呢？事實上，經典裡所謂的「佛」也者，乃是指「佛陀」的簡稱，只不過是把梵語的Bud-dha音譯成漢字而已。是故，「佛」以及「陀」兩字都不具有意義。

所謂的「佛陀」也者，具有正確地（對於這個世界的真理）覺醒之人的意思，譯成中文，應該是「覺者」或「正覺者」。

由此可知，本來的佛陀兩個字，並非固有名詞；且不管是誰，只要正確地覺醒，即可成為佛陀，這也就是人們口中「成佛」的意思。

在佛教的歷史中，前後出現了好多的佛陀。其中，最初成為佛陀者，就是喬達摩．希達多。

·《般若心經》仍是釋迦生前說給出家人聽的經典

此人為釋迦族出身，是故，取了一個具有聖人或者聖者意義的名字——牟尼，以致被稱為「釋迦牟尼」。

這位佛教創始者釋迦牟尼，只要是他說給出家人的東西，就被稱為經典。以下敘述的《般若心經》，就是其中的一部經典。

是故，我們在這一本書裡所說的「佛」，絕對不是意味著死了之後的「佛」，也不是指其他的「正覺者」。

這本書裡面所指的「佛」，就是釋迦牟尼本人。這位「佛」生前所說的東西，也就是這一篇經典。

⊙佛有十種稱呼

佛陀（佛）的多種稱呼法——

①**如來**（從真理世界來的人）
②**應供**（適合於被供養的人）
③**正遍智**（能正確地領悟的人）
④**明行足**（完全地具備明智以及此種智慧行為的人）
⑤**善逝**（逝於真理世界的人）
⑥**世間解**（理解世間的人）
⑦**無上士**（至高無上的人）
⑧**調御丈夫**（能夠調御人間之人）
⑨**天人師**（天界與人界之師）
⑩**世尊**（接受世人尊敬之人）

〔摩訶〕

2 只有兩百六十餘字的「巨大世界」

我們時常看到魔術師把兩隻空無一物的手，伸到觀眾面前如此地說：「大家瞧！俺的兩手空空如也。但是，俺可以從空帽子裡面抓出一隻鴿子！」

說來也夠邪門！他竟然真的從空無一物的帽子裡面抓出了一隻鴿子！

如此一來，觀眾會說：「喲！真是『摩訶』不思議！」

——其實這裡所用的「摩訶」，乃是梵語的音譯，含有「巨大」或「非常大」以及「含意深遠」的意思。

《般若心經》這個經題即意味著「意義很深長」，以及「非常的引人入勝」等涵義。

《般若心經》的本文只有兩百六十餘字。不過，它的含意卻很深長，涵蓋了一個非常龐大的世界。

對於很多廟宇寺院的大佛像，一般人通常都會稱它為「大佛」或者「××的大佛」。

事實上，這尊大佛的「大」字，若基於梵語「摩訶」，本名應叫「摩訶毘盧舍那佛」之意。

．釋迦牟尼　佛教始祖，娑婆世界（即現實世界）的教主。是佛教寺院大雄寶殿必須供奉的佛像。釋迦是種族號；牟尼，意為「仁」、「儒」、「忍」。釋迦牟尼為「釋迦族的聖人」的意思，這是佛教徒對他的尊稱。

把冗長的名稱省略，就變成「毘盧舍那佛」或者「毘盧舍那佛」。如果把「摩訶」翻譯為「大」，省略當中的「毘盧舍那」，就成為「大佛」。

《般若心經》經文雖然很短，不過它的內容卻既廣大又深遠。

〔般若〕

3 般若是佛陀所獲得之正確智慧

《心經》的「佛說摩訶」下面有「般若」兩個字。這兩個字在《心經》本文中出現好多次，它到底又具有什麼意義呢？

「般若」是佛教特有的話，指開悟的佛陀所獲得之正確智慧。也就是說，所謂「般若」，乃是佛陀完全的智慧以及洞察力。對佛教來說，此乃最為重要的東西。

「幸福就在你現在站立的地方！」

「幸福存在於所謂今天的日子！」

能教我們感悟到這一點的，亦即佛陀的「完整智慧」。

無論是任何人，都沒有一個真正屬於自己的東西。只要認清這一點，就能夠滿足於現在的自我。

它叫我們不要老是存著——「到了明天就會……」以及——「到了明年就會……」的念頭。「般若」的智慧是與生俱來的，一旦獲得開釋，即能解脫，因此又名「解脫智」。

在日本，般若會令人想起恐怖的女鬼面孔。為何日本人把般若的面孔，說成女鬼的面孔呢？

日本的「能劇」中，有一個叫「葵之上」的人物，她就是《源氏物語》男主角——光源氏的妻子。「葵之上」嫁給光源氏為妻後，以前跟光源交往的六條御息所感到嫉妒，以致，她的生靈附在「葵之上」的身體作祟。如此一來，光源氏只好叫人來驅邪。

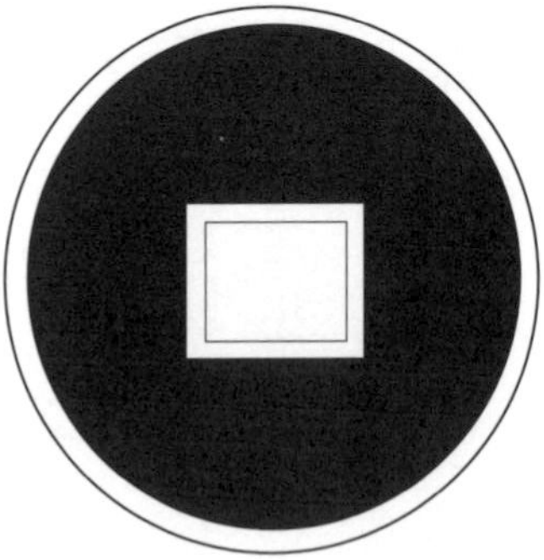

吾、唯、知、足——
幸福只存在於自己的內心

在這一齣戲的舞台上，當驅邪人在唸誦經文（「南方軍荼利夜叉」等）時，生靈戴著女鬼的面具出現。當聽到有人在唸誦經文時，她自言自語地說：「哎呀！好怕人的般若聲音……」然後很快地走開了。其他的能劇也屢次可看到這種場面。因為，在唸誦般若經典的經文時，出現的人物戴著面具，因而有「般若面孔」這一句話。

另外一種說法是——奈良時代有一個僧人，希望自己也擁有佛一般的智慧，因此為自己取了一個「般若」的名字，但他始終不能獲得佛一般的智慧。不過他的一雙手卻變成很靈巧，而終於成功地製成栩栩如生的般若面具。

依照這種說法，所謂般若的面具，乃是由一名叫般若的僧人所製成。但是，此種說法的真實度有多少呢？頗叫人懷疑，根本不足採信。

般若的智慧非常地深湛，它所說出的教義，就是經典。是故，凡是佛所說的教義，都屬於「般若經」。

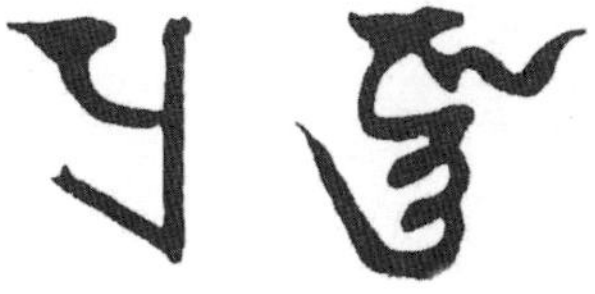

·「般若」的梵字。

4 波羅蜜多是到達開悟世界的方法論

經文中的「波羅蜜多」，也有人把它最後的「多」字去掉，而寫成「波羅蜜」。事實上，「波羅蜜多」跟「波羅蜜」完全一樣。

我必須要提醒各位的一件事就是——有很多人把「波羅蜜多」或「波羅蜜」的「蜜」字，寫成「密」字，這是後來的人所改的。

或許有人會說「波羅蜜多」是音譯，只要發音相同，「蜜」與「密」又有什麼差別呢？話是不錯，但是玄奘大師既然在音譯時，使用了「蜜」字，我在這本書中就採用這個「蜜」字。

那麼，這一句「波羅蜜多」到底意味著什麼呢？

事實上，在日常生活方面，我們已屢次使用了這句話的一部分翻譯。我們時常說「春秋的彼岸」，這句話中的「彼岸」，梵語叫做「巴拉姆」。

「到達」的梵語為「依達」，是故，兩者合一的「巴拉蜜達」（波羅蜜多），應翻譯成「到彼岸」。

〔波羅蜜多〕

・新疆柏孜里克石窟供養的禮佛圖

一提起「到彼岸」，大多數的人都會聯想到掃墓及供養拜祖先。

那是因為我們常常把「彼岸」當成「另外一個世界」的緣故。這件事跟前述——把死者當成「佛」大有關係。

所謂「彼岸」，乃是指「開悟的世界」，只要到達了這個境界，人人就能夠成為「佛」。

彼岸
佛陀的世界
開悟的世界
涅槃的世界
絕對的世界
到彼岸
這是實踐波羅蜜多的方法
彼岸
凡人的世界
迷惘的世界
煩惱的世界
相對的世界

・一切眾生，皆有佛性

「開悟的世界」乃是指「死猶如生的境地」；也可以說是一個沒有痛苦、沒有煩惱的極樂世界。

所謂「波羅蜜多」，乃是指到達開悟世界不可或缺的修行。

這種修行總共有六種，我們稱之為「六波羅蜜多」。

關於其具體內容，請容後敘述。在六種波羅蜜多裡面，最重要者為「般若波羅蜜多」。這則開悟智慧的修行，就是完全在這個經題裡面。

5 《心經》是佛陀教義的精華

「心」

《心經》的完整名稱為《佛說摩訶般若波羅蜜多心經》，共有十二個字。其中「佛」、「摩訶」、「般若」、「波羅蜜多」九個字為音譯，被翻譯為中文者只有三個字而已！

其中一個字為「心」，這個「心」字的梵語為「弗利達耶」。它的意思為「真實之心」即事物本來的性質，亦即我們所說的「初心」。

換句話說，為了達到開悟的狀態，智慧的修行法有好多種。這一部經典便舉出了其中最重要的中心教義。說得明白一些，即《般若心經》所敘述者乃是佛教的精髓。

為省略太冗長的經典名稱，可稱之為《般若心經》或者《心經》，總之，仍必須要留下「心」字才行。

以圓圈作為比喻，它等於是位於中央的重要部分，以人類來說即等於心臟的部位。因此，它是一部包含佛教精華的經典。

・四川巴中南的雙頭佛像

6 永垂不朽的教義

基督教的聖書只有《舊約聖經》以及《新約聖經》兩冊，而東方人所涉獵的經典並不止一部，可說是非常的複雜與龐大。

換句話說，東方人口中的經典，並非單指釋尊所講述的經典，就連歷史上的高僧、各宗派的宗師所撰述的東西，如道家的老子、兵法家的孫子等等，都一概被稱為「經典」。

佛教的經典數目是基督教所不能比擬的。不過，並非佛教各宗派都使用這些經典。往往只是從這裡面抽出數種經典，當作基本經典使用。

其中，最廣泛地被各宗派所利用，被當成基本經典與讀誦經典者，乃是《般若心經》。

梵語中的「經」名為「史多拉」（意味著縱線），有時也被音譯為「修多羅」。用於佛教教義時，意味著「永垂不朽的教義綱要」。

這個「經」字再加上「心」，即為「心經」。亦即最重要且永垂不朽的教義乃是《般若心經》。

＊心經到底有幾個字？

《般若心經》的文字數從本文「觀自在菩薩」開始，到「菩提薩婆訶」為止，總共有兩百六十二個字。如果再加上末尾的「般若心經」的話，則是兩百七十六個字，有時也被稱為兩百八十二個字。原本玄奘所譯的經文，沒有「能除一切苦……」中的「一切」兩個字，因此只有兩百六十個字。

〔經〕

■佛說摩訶般若波羅蜜多心經

名字能夠表現一個人的身體。

一個人一旦降生於這個世界，父母就會為他取一個名字，所以這個名字充滿了父母的愛，這也是父母對孩子的期望。

父母希望孩子有進取的精神，那麼就會給孩子取一個含有「進」字的名字。希望孩子是個健康又爽快的人，那就會在名字裡加入一個「豪」字。

姓與名字，往往包含一個人的全部人格，以及父母的愛心，並非單純是一個表面的記號而已。經典亦復如此，基督教的經典《聖經》來自意味「小書」的希臘語「畢布利亞」。

聖經是把六十六冊「小小的書本」整理為一冊的經典。是故，在內容方面，有著很忠實的表現。

《般若心經》的正式名稱為——《佛說摩訶般若波羅蜜多心經》。其實，這一段冗長的經典名稱，已經把經典全體的內容很巧妙地表示了出來。

「佛」也者，就是指釋迦，也正是釋迦所說的「經」。

那麼，他又說了一些什麼呢？

那也就是「般若波羅蜜多」。換句話說，是為了方便我們從這個彼此傷害，叫人迷惘、痛苦，以及煩惱不盡的世界（此岸），走到完全開悟的世界，也就是所有煩惱都消失的世界（彼岸）起見，釋迦透過這部《心經》，告訴我們必要的修行。同時也強調《心經》的教義深奧（摩訶），恐怕是人智所不能及者。《般若心經》儘管只有兩百六十餘字，但是它的內容非常深遠，而且極為廣大。

人是擁有七情六慾的動物，無論是誰，內心都免不了有傷痕，煩惱更是免不了的事。只要活於這個世界一天，煩惱就一天天增加，不會消失。是故活在這世上的期間，最好能到達靜謐而安詳的境地。為了達到這個境地，不妨親近深含智慧論以及修行論的——《般若心經》。

觀自在菩薩　行深般若波羅蜜多時

● 中譯

觀自在菩薩行深般若波羅蜜多的時候。

二、今日才有幸福

● 現代語譯

觀自在，也就是觀音菩薩，其在修行深妙的智慧時。

1 觀自在 觀世音 觀音菩薩

〔觀自在菩薩〕

至此，將徐徐地進入《心經》的本文。一開始，我們就碰到觀音菩薩。

在日本，他們都稱祂為「觀音樣」（「樣」的日文發音是SAMA，或者觀音菩薩）

「觀自在」也就等於「觀世音」，「觀音」乃是「觀世音」的簡稱。

然而，《心經》裡卻是成了「觀自在菩薩」。其間的不同，到底是來自哪裡的呢？

原本梵語「阿巴洛契帝修巴拉」，譯成現代語的話，應該是——一聽到女人的求救聲時，即隨時隨地加以援救。強調前半部分，即成「觀世音」，強調後半部分，則成為「觀自在」。

換言之，古老的經典把這一位菩薩翻譯成觀世音菩薩，而在本經翻譯者玄奘大師以後，一直被翻譯成——「觀自在菩薩」。不過到了後世，反而舊譯比新譯更為一般化。

因此，不管是「觀音」或是「觀自在」以及「觀世音」，都是意味著同一位菩薩，只不過是翻譯上的不同而已。

·觀音三十三身　為普濟眾生苦難，觀音可以示現三十三身：佛身、辟支佛身、聲聞身、梵王身、帝釋身、龍身、執金剛神身等。中國的佛教徒又常繪製為：千手千眼觀音、送子觀音、魚籃觀音、水月觀音、合掌觀音、持蓮觀音、灑水觀音等三十三種觀音菩薩形象。

2 聲音超越性別

只要敬拜過觀音菩薩的人，就會感覺祂的姿容非常慈悲。正因如此，很多善男信女在潛意識之中，認為觀音菩薩是女性。

不過，在原則上，佛以及菩薩都已經超越了性別。是故，觀音菩薩不能稱為女人，也不能稱為男人。

佛教創始者釋迦牟尼在開悟得道成為佛陀之前，是不折不扣的男性。最好的證據是他結了婚，並且生了一個名叫羅睺羅的男孩子。

開悟得道以後，他憑自己強烈的意志，壓下男性機能，以致超越了性別。

觀音菩薩最大的特徵是——並非只要祂一個人開悟，同時也要把其他人導

・觀音的慈顏好像永遠以憐愛的表情，保護芸芸眾生

入開悟之境，這叫做——「自利利他圓滿法門」。

因為，菩薩以求助煩惱的眾生為目的，是故神跟佛一樣，不可能發揮自己的性機能，以致不男也不女。

那麼，世人為何要把觀音塑造為女性呢？因為祂恰如母親般的以親切溫柔慈悲之心，守護著自己的子女，觀世音的特徵，在於用慈悲心憐愛眾生。正因如此，塑造觀世音菩薩聖像時，往往就會將祂變成母性的慈顏。

在大自然中人類畢竟是很脆弱的動物，不管身心如何強韌，一生中仍免不了會遭遇幾次災難。

對於脆弱人類心中的不安，觀音菩

薩會憐愛萬分的包容我們、救助我們，是故祂很適合於被塑造成女性。

觀音菩薩充滿了憐愛的表情，好像永遠在保護著有缺憾的苦難眾生似的。

．明代的觀音慈顏相

❸ 改變容姿救拔眾生的觀音菩薩

（側面）　（正面）

〈十一面觀音〉

觀音菩薩擁有種種不同的容姿。例如有——六觀音、七觀音，三十三觀音等。其中最為一般人所熟悉的是十一面觀音、千手觀音（千手千眼觀音）以及馬頭觀音等。

那麼，觀音菩薩何以要如此千變萬化的改變容姿呢？

因為觀音的慈悲，在於應著對方的容姿以及數目，自由自在地伸出救拔（救助並且拔掉煩惱）之手的緣故。

以普通人來說，因為只有一張臉孔，故只能看到在前方求救的人。如果前後左右都有面孔的話，不管對方在哪兒求救，都能夠立刻知道。也許，十一面觀音就是象徵這一點吧！

・馬頭觀音

・千手觀音

如果一次有很多人求救，觀音菩薩也能夠解救他們。象徵這一點的為千手觀音以及千眼觀音。這種佛像的每一個手掌都長有一隻眼睛，這意味著觀音菩薩能夠看，也能夠救助。

而且，觀音菩薩救助的對象並不只限於人類。由於神大慈大悲，凡是有生命之物祂都會加以救助，因此才有了所謂的馬頭觀音。

頭上有十一張面孔的觀音像，以及身上長出無數手臂的觀音像，或許有人會認為那實在太怪異了，大可不必塑造這種觀音像。但是以前的人，只是一心一意想把菩薩的大慈悲，以具體的形象表現出來，當然就顧不了這麼多了。

4 觀音菩薩是慈悲的象徵

觀音菩薩乃是菩薩之一，為伺候阿彌陀佛的一位菩薩。開悟得道的佛陀也有兩個大特徵。其一、是對人們平等的慈悲，其二、是擁有正確知道任何事物的智慧。象徵慈悲與智慧者，乃是兩旁服侍的菩薩。

換句話說，一尊佛配合兩尊菩薩的三尊佛菩薩，就是「開悟者」的表示。

佛像中的所謂「三尊佛」，就是指這種配合。例如，最常見者有所謂的「釋迦三尊」。在這種情況之下，釋迦兩旁總是以普賢、文殊兩尊菩薩配合。如果是藥師三尊，旁邊將配合以日光、

・**藥王觀音**——用八種功德水潤澤眾生

月光兩尊菩薩。

阿彌陀三尊，中尊為阿彌陀佛，左右兩側為觀音、大勢至兩尊菩薩。

阿彌陀三尊的兩尊菩薩中，象徵慈悲的觀音菩薩，所以獨立而變成大眾崇拜的對象，不外是因其比起大勢至菩薩的智慧來，人們更重視觀音菩薩的大愛慈悲之故。

相對的，以釋迦三尊來說，由於智慧一直被強調，以致旁邊兩尊菩薩（普賢、文殊）中，文殊菩薩要比普賢菩薩來得著名。

又如對醫病有靈效的藥師三尊，在其旁邊的日光菩薩即表示佛的智慧，因為神能夠照出所有人的煩惱，以及打破無知的黑暗。至於另一旁的月光菩薩，則象徵佛的慈愛，因為祂一直利用柔和的月光撫慰眾生。

三尊佛（亦稱三寶佛），尤其是阿彌陀三尊佛的觀音、大勢至兩尊菩薩，看起來好像是阿彌陀佛的部下似的。事實上，其並非部下，而是象徵佛的屬性而已！

傳說，日本僧人從五台山迎請一尊觀音聖像回國，途經此島遭遇風暴，船不能行駛，他們認為是觀音菩薩不願意東渡去日本，於是就把觀音聖像留在島上，人們為他建立了一座「不肯去觀音院」。

· **千手千眼觀音**——救拔地獄道眾生

5 目的並不止於現世利益

全世界不知共有幾尊觀音像，但是在日本最著名者，莫過於東京淺草區雷門的淺草寺觀音像。

這家寺廟，原來是屬於天台宗，在第二次大戰後獨立出去，現在則號稱為「聖觀音宗」。

觀音菩薩由於大慈大悲，時常會應著不同的對象千變萬化，而變化前的觀音被稱為聖觀音。

不過，敬拜觀世音菩薩的利益，並非只能治好病痛、使生意興隆，或者使腦筋聰明等現世利益而已。菩薩在給了你現世利益之後，還是希望你能夠開悟，到頭來共登彼岸。

例如，對於三餐不繼的人，或者被疾病糾纏的人，就算你如何的對他說教，他仍然沒有心情聆聽。

是故，先解除對方的痛苦以及內心煩惱，再使對方脫離這個叫人迷惘的世界，一心一意地朝向開悟的世界前進，這才是觀音菩薩的真正目的。

想不到，在觀世音菩薩帶給我們的利益中，如今只有現世利益被強調。人們都認為觀世音菩薩只能從痛苦及煩惱中救助我們，而徹底的忘卻了我們必須朝「開悟之路」前進。這實在是非常遺憾的一件事情。

6 所謂的波羅蜜多是指六種修行

波羅蜜多被譯成「到彼岸」，是指從迷惘的世界（此岸）到開悟世界（彼岸）的修行。

「波羅蜜多」也被稱之為「波羅蜜」。而因其總共有六種，以致被稱之為「六波羅蜜」。

六波羅蜜也被譯成六度，即是從「此岸」到達「彼岸」的修行。

俗語說：「從此岸渡到彼岸。」這只是一種比喻的說法而已。而因為「此岸」到「彼岸」之間不見得有水存在，於是有人利用「度」字替代「渡」字。

所謂的「六波羅蜜」者，乃是如下的六種——

- 布施波羅蜜
- 持戒波羅蜜
- 忍辱波羅蜜
- 精進波羅蜜
- 禪定波羅蜜
- 般若波羅蜜

〔深般若波羅蜜〕

羅蜜

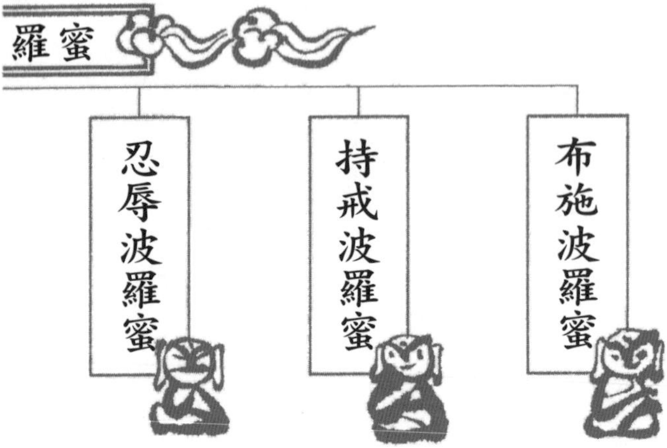

．對他人廣泛展開布施的修行方式。

．遵守日常生活規則的修行方法。

．忍受痛苦及侮辱的修行方法。

其中的般若波羅蜜，就包括了前五種修行。因為，它是最重要的修行，因此被取為這部經典的名稱。

換句話說，不管是從事哪一種修行，不以正確的佛智慧（般若）實行的話，不僅不能開悟得道，甚至有誤入旁門左道的可能。

例如，在舉行布施波羅蜜時，如果弄錯布施對象的話，很可能會惹惱對方。如果有目的而行布施的話，那就不具有任何的意義了。

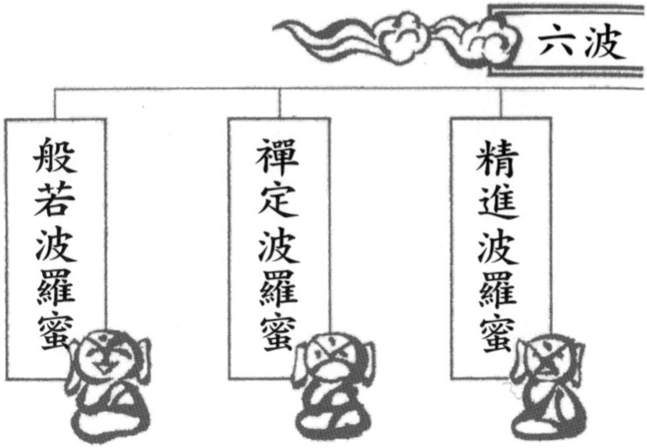

・不惜一切努力的修行方法。

・集中心靈於現在之事的修行方法。

・基於理解自我的智慧，從事修行。能夠輔佐其他五種修行的方法。

如果為了滿足自己的優越感或者自尊心才布施的話，那就不可能成為到達開悟之境的修行。

為了舉行布施波羅蜜，必須以般若波羅蜜為基礎，其他的各種波羅蜜亦復如此。是故，去學習真正的智慧是必要的。

佛教的經典充滿了智慧的言語。是故，我們必須充分的了解經典的意義，然後以它為基礎，著手於修行。

7 六波羅蜜乃是「彼岸」的起源

所謂的「彼岸」，乃是到達開悟的修行期間。換言之，也就是為佛教徒設定的修行期間。

很遺憾的是，在一般人的心目中，都認為所謂的「彼岸」也者，一直被認為是供養往生者的行事而已。

雖然也有一部分人把「彼岸」當成西方極樂世界，但是對大部分的人來說，則恰如掃墓所象徵的意義一般。

很少人會把「彼岸」當成自己本身的修行時間看待，而卻常把它跟對先祖的供奉聯結在一起。

不過從殘留至今的「進入彼岸」、

〔行〕

「彼岸期滿」以及「彼岸的春、秋分」來推測，在夾著春、秋分的六天之間實踐六波羅蜜多之一，很可能就是「彼岸」的起源。

「寒暑都到彼岸為止」。對一般的佛教徒來說，至少在一年中最容易生活的春秋「彼岸」期間，必須盡力努力的修行。

其實，佛教所謂的「從此岸到彼岸」的修行，並不只限於一年內的春秋兩個季節，而是指——從具有佛教徒自覺的那一天起，一直到死亡為止的每一天，都必須勤加修行，以便從此岸登到彼岸。

■觀自在菩薩　行深般若波羅蜜多時

《般若心經》從本文一開始，這部經典的主角——觀世音（觀自在菩薩）就登場了。

在這個部分敘述觀音菩薩為了到達開悟的世界、修行深妙的智慧，也就是修行般若波羅蜜多……到底是為了什麼？

目的是為了救拔眾生。佛陀修得正確智慧後，具備了兩大特徵——那就是「慈悲」跟「智慧」。觀世音菩薩正是「慈悲」的象徵。

所謂的「慈悲」也者，乃是指給對方喜悅及快樂，同時也消除對方的痛苦及悲哀。而且，慈悲的對象並非止於人類，還包括所有的一切生物。

慈悲的觀世音菩薩，對生物絕對沒有差別心。

那麼，我們人類的情形又如何呢？

「我真想擁抱親愛的！」

「我好愛我老公（老婆）！」

「我的孩子與孫兒好可愛！」

「我的……」

反正，凡夫俗子一切的念頭都以「自己」為出發點。正因為如此，一旦對方反叛你時，你滿腔的愛，立刻會變成憎恨。

在人類的情愛中，以母親對子女的愛最為單純。就算子女反叛母親、討厭母親，母親對子女的愛仍然不改變。不過，這也只限於對自己的子女而已！

觀音菩薩的慈悲，則是遙遙地超越那種「利己的愛」的相對價值觀，以及「以自己為出發點」的想法。

觀音菩薩的目的，就是要救拔世間一切痛苦以及悲哀的眾生，因此祂根本就不在乎對方的形態。不分富有或者貧困，全部都是祂救拔的對象……

事實上，這部《般若心經》是為了「救拔眾生」才問世的。

那麼，觀世音菩薩在修行「深般若波羅蜜多」時，到底有什麼感想？又看見了什麼呢？

照見五蘊皆空　度一切苦厄

● 中譯

照見了五蘊都是空的，度化人世間一切苦厄。

三、解除迷惘以及痛苦

● 現代語譯

構成人類五種要素的東西，都是沒有實體之物。是故，祂要救眾生脫離一切痛苦的災厄。

1 人類存在的本身就是痛苦

以站在科學的立場來說，人類是由多種的元素所構成，也是由無數的細胞所形成的。

不過，以兩千五百年前的佛教世界來說，構成一個人的主要要素，只有「身體」與「心」兩種而已，而心的作用又被分成四類，合計有五種（見左圖）。

換句話說，「色」是有形之物，也是肉體的總稱，而所謂的「受想行識」也者，乃是心的作用。

這五種因素，合稱為「五蘊」。佛教認為——正因為有這五個構成要素，

〔五蘊〕

人類存在的本身就是痛苦。

乍看之下，一個人好像獨立而個別存在；事實上，即是由這五種構成的要素在種種條件之下，一時被合成的。是故，這部經典主張這樣就是「空」。

問題在於「空」，如果能夠去理解「空」的意義，就可以理解《般若心經》全體，可見那是非常重要的思想。

以下，我們將陸續討論這個問題。

何謂五蘊？

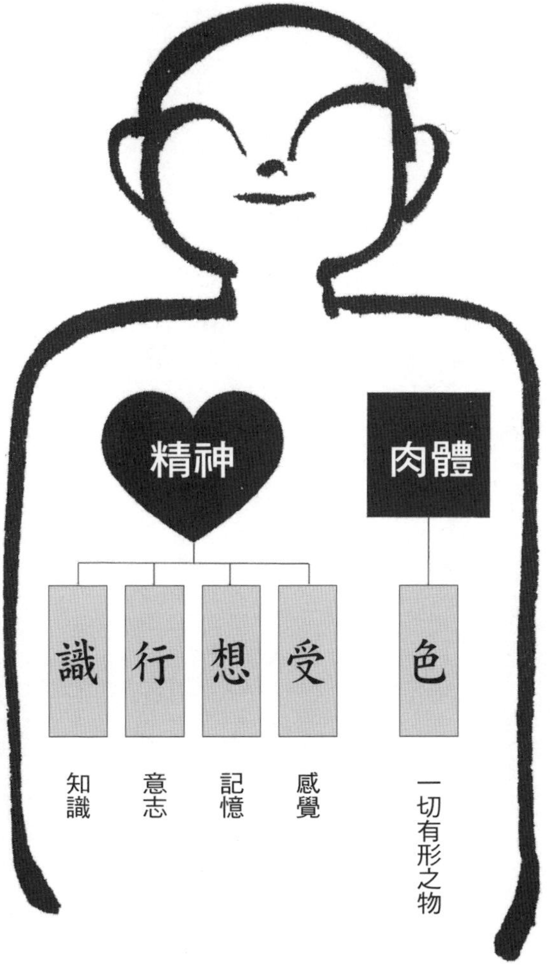

2 有而似無者就是「空」

那麼「空」到底是什麼呢？其實，這個字眼很難以叫人弄懂。

佛教以「無自性」等字眼說明它。即使經過如此說明，我們還是一知半解。是故，我想提出一個例子。或許，有人會認為我說的話不夠高雅，但是，一味地拘泥於所謂的高雅不高雅，反而會違背「空」的教導呢！請大家想到這一點，不要太計較吧！

假設此地有一個高價的水晶杯。你就用這個水晶杯撒了尿，再把水晶杯裡的尿倒掉。接著，再煮沸消毒。最後把啤酒倒入那個洗淨的水晶杯裡面，舉杯喝啤酒。

你能夠做到嗎？千萬別勉強！如果你認為自己能喝下那些啤酒，你必定是性情乖僻的人，因為大多數人做不到這一點。其實，這樣做的人才是正常。那麼，一般人為何不敢喝那些啤酒呢？

或許有人會說，因為杯子裝過尿不乾淨呀！不過，這種說法是不正確的。因為，杯子已經仔細洗過了。如果是不知道杯子曾經裝過尿液的人，他必定會毫不猶豫的把啤酒喝下去。事實上，杯子已經洗了。問題在——我們的心。

杯子本身是乾淨的。或者應該如此說——杯子本身已經超越了清潔與骯髒的概念，那就是所謂的「空」。杯子本身為「空」，它已經超越了清潔、骯髒的概念，只是我們的心理仍有執著。換句話說，我們的心理塑造了所謂「清潔與骯髒」的觀念。

這也就是「空」的意義。不僅是清潔、骯髒而已，像超越善惡、長短、美醜、有益有害等等相對關係者，也就是所謂的「空」；甚至一切的存在，也都是「空」。關於這點，《般若心經》以「色不異空，空不異色；色即是空，空即是色」表現。

所謂「色」，乃是指一切東西。所有存在都是空，而那種「空」本身就是一種存在。

換句話說，我們太執著於一切事物。由於執著於自己塑造的概念，以致變得步步艱難。我們必須丟掉那種執著，而自在大方的生活下去。這也就是《般若心經》教導我們的真理，亦即「空」的哲學。

〔照見〕

3 看到了真正的姿態嗎？

我們每個人都有兩隻眼睛。然而，我們是否能真的使用這一雙眼睛，牢牢的凝視事物呢？關於這點，頗教人感到懷疑。

就物理方面來說，眼睛確實是在看種種的東西以及現象。然而那只是表面而已，在大多數的場合裡，我們並沒有察覺到它們真正的姿態。

看中了一個面孔姣好、個兒高挑，腦筋也不錯的女人，跟這個女人結婚後，方才感覺到對方根本不適合你——這種人就是一味只注重容貌、學歷以及家世，以致眼睛沒能看到她的內涵。同樣的事情，也可能發生在選擇丈夫方面。

正因為沒有看個透徹，所以結婚以前愛得要死的一對男女，在婚後不久，常會突然彼此暴露缺點，以致再也無法忍受而訴諸離婚。這也就是現代人離婚率那麼高的原因。

本來，人就是個很不完整的生物，所以自然很容易受到外型的迷惑。

不過，觀世音菩薩卻是不同。正因為祂想拯救所有的生靈，因此並不會只觀看那些表面的現象。換句話說，祂看到了——「這個世界的真實」。

《心經》中所謂的「照見」，就是表示「這個世界的真實」——也就是五蘊都是空幻的。

所謂的「照見」也者，並非單純憑現象或者表面看東西，而是能夠把事物的本質看穿。

因此，在觀世音的眼光裡，我們這些凡夫俗子所認為是快樂的世界，實際上是個虛幻的世界，也是個沒有意義的世界。祂甚至看穿了凡夫俗子錯認為是實體的人類，事實上並非實體。

4 為何會迷惘、煩惱以及痛苦呢？

佛教開山祖釋迦牟尼說，居住於這個世界（此岸）的我們，畢生充滿了各種痛苦，若把那些痛苦分類的話，有所謂的「四苦八苦」，這就是本文中所稱的「一切苦厄」。

問題是——為何我們所生活的這個世界充滿了各種痛苦？而且這些痛苦並非時間能夠解決，也不是憑藉他人的援助所能夠解決的，乃是人類力量所無可奈何的根本性「痛苦」？

「一切苦厄」

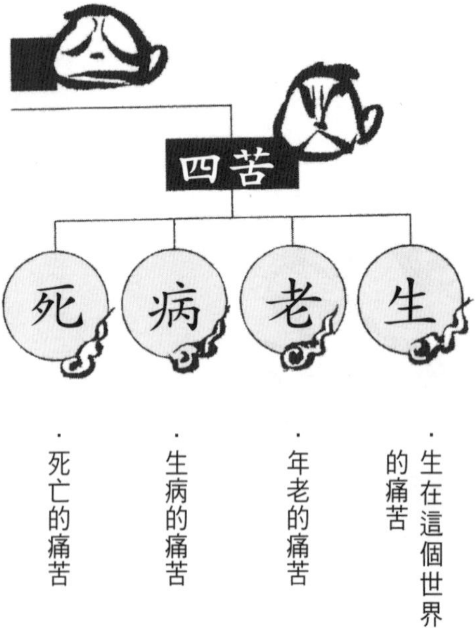

何謂四苦與八苦呢？

首先，八苦的前半為四苦，實際合計起來只有八苦，並非全部有十二苦。

四苦指的是「生、老、病、死」四種痛苦。

每一個人都會老化、生病而死亡，當然是一件很痛苦的事。

那麼，為何有老、病以及死呢？那是因為有「生」的緣故。換句話說，「生」就是這以後痛苦的出發點，正因為如此，它才會排在四苦的最前面。

人類一生中的痛苦，還有很多。如跟心愛的人別離叫「愛別

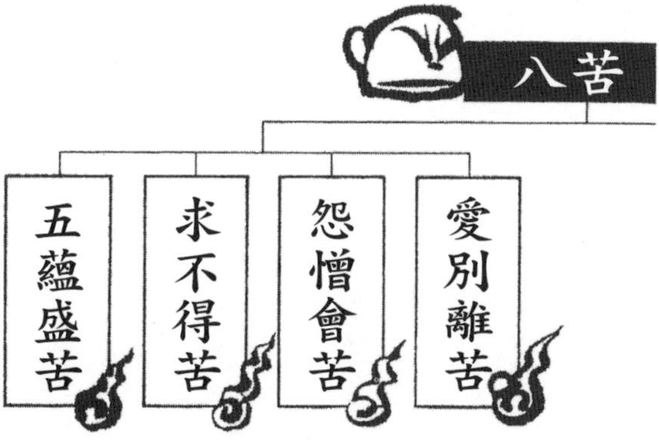

・跟心愛之人分類的痛苦

・跟憎惡之人碰面的痛苦

・不能獲得所求之物的痛苦

・色、受、想、行、識五蘊帶來的痛苦

離苦」，跟內心憎惡的人不得不碰頭，則叫做「怨憎會苦」。不能獲得渴求想要的東西，叫做「求不得苦」。

人類被這些痛苦折磨得很慘，你活得越久，身邊所愛的人將一個一個離你而去，並且永遠不回來。

最好的證據是，生到這個世界以後，極少有人不曾體會到跟父母、兄弟、師、友、情人甚至寵物等生離死別的滋味。這真是名副其實的「愛別離苦」。

又如同樣是骨肉之親、師、友或者職業上的上司、部下，或者同事之中，如果有你憎惡的傢伙的話，與他相處起來就會感到特別痛苦，這也就是所謂的「怨恨會苦」。

關於所謂的「求不得苦」，相信大家都很容易明白。多數的犯罪都起因於不能獲得自己想要的東西。而且，人類的欲望永無止境，以致永遠不能從這種痛苦中獲得解放。

說完了以上七種苦以後，菩薩又表示——由

「身心五種要素所構成的人，免不了會遭受到很大的痛苦。」於是，最後又提出了「五蘊盛苦」。

那麼，如何才能夠解除這些痛苦呢？

一個人既然是由母親胎內生出，對於所謂「生」根本就不可能否定。話雖如此，憑自己的手了結生命，亦不能從痛苦中獲得解脫。

我們所能做到的是認命地接受四苦八苦的磨難。佛教雖然強調四苦八苦，但是它並沒有否定人生。

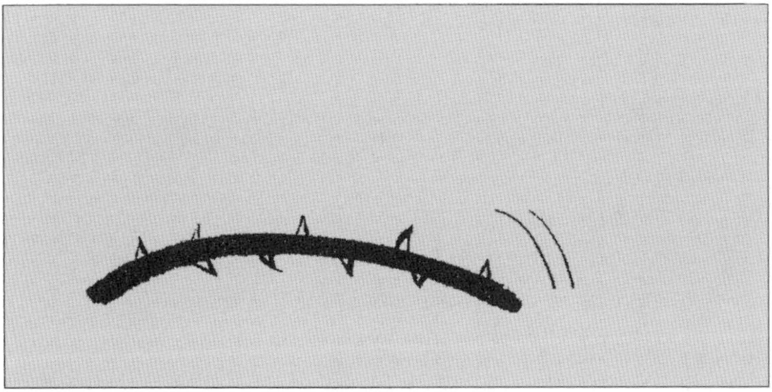

它教我們在看清這種現實以後，要把眼光放遠一點，看看超越這種痛苦的世界，以致到達「開悟」的境地。

如果不理解這一點的話，佛教將被認為是一種消極的虛無主義，或者厭世思想。

說得更明白一些：認為這個世界充滿「四苦八苦」，雖然是佛教的出發點，但絕對不是佛教的終點。這一點，請大家務必認識清楚。

5 遠離愛與怨憎的話……

除非是自己喜愛的對象，否則不管有多少別離，我們都不會感到痛苦。現在，每一天每一刻不知有多少人死去，但除非那些人是我們所愛的對象，否則的話，我們就可以處之泰然。

為什麼呢？因為「愛別離苦」的痛苦原因，就在於有著濃厚的愛。

「怨憎會苦」以及「求不得苦」亦復如此。正因為他是你憎惡的對象，所以跟他相處起來就會感到特別的痛苦。如果你對他沒有憎惡的感情，相處起來就不至於感到痛苦。

一心一意想求得某種東西，一旦不能得手的話，必定會感到很痛苦。如果沒有一心一意想求取的話，那就不會品嘗到得不到的痛苦。

〔度〕

讓我們再進一步談論生與死的問題吧！誕生固然是值得賀喜的，也是一件叫人感到快樂的事情，然而死亡卻是一件令人痛苦悲哀的事情——如果你有這種念頭的話，當然就會覺得老與病皆苦，甚至對這「生」也會感到痛苦。

仔細的想，「老」固然是接近死的過程，但這不也是一個人成長、成熟的

・百年之後，這種風景會變成什麼？又有誰會知道呢！

必然過程？

關於一休禪師有如下的傳說——對於每逢過年，彼此歡天喜地說恭喜的人們，他都會潑冷水說：「喜從何來？又接近死亡一步了，何喜之有？」

為了遠離愛與憎怨，脫離欲望，到達生與死無差別的境地起見，必須痛感此世的諸現象皆空才行。觀世音菩薩就是「看透」了這一點。

是故，在開悟得道者的眼裡，人世間所有的苦痛，都是來自人們對這個世界太「執著」之故。因此，觀世音菩薩才一心一意的想度眾生，把我們從迷惘的世界（此岸），救拔到開悟的世界（彼岸）。

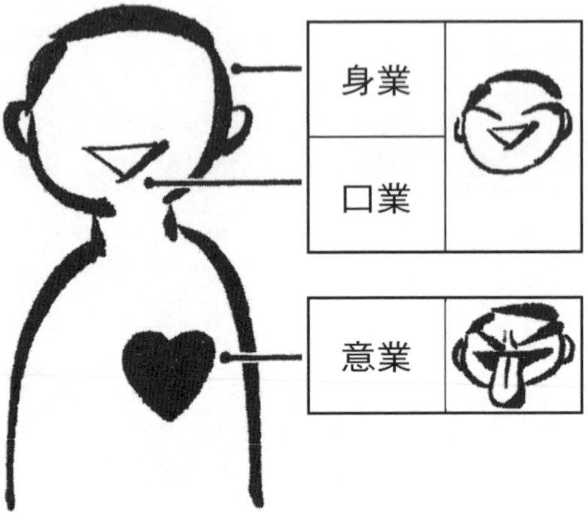

6 一切的苦厄來自身・口・意

構成人體的身心之中，所謂的心也者，乃是構造最複雜的東西。

是故，在佛教的教義方面，構成人類的要素之中，除了色以外，其餘的受想行識四種，都屬於心的活動範圍。

想來想去，沒有一件事比人類的心更為不可思議。佛教把人類的行為分成三種，稱之為「身、口、意」三業。

舉止行為以及言談，因為顯露在外，所以他人能夠知道。但是，「意」業就不同了，這種內心的活動，只有本人才知道。

・人類沒有比「心」更不可思議的……

有人說，東方人是真心與原則完全不一致的民族。

的確，西方人較直白，而東方人嘴裡所說的話，以及他們心中所想的事情，兩者之間，頗有出入。

因此，古人才說——天知、地知、你知、我知等，以警告人們隨時都有人想看透你的心。是故，絕對不能認為別人都不知道你心中在想些什麼。

總而言之，「心」的存在對人類的生活方式來說，乃是極為重要的問題。

對於這個問題，佛教從種種角度來分析，對於應保有的心態方面，也給予種種指示。

■照見五蘊皆空　度一切苦厄

觀音菩薩在修行深妙智慧時，到底看到了些什麼呢？

原來祂看透（照見）了構成人身肉體的「色」，以及精神「受想行識」都是「空」的。

人類在誕生後開始成長，從少年長成青年……不久以後，又會進入老境，接著病倒，迎接人生的最後階段——死亡。

這些過程，任何人都避免不了。

換句話說，人生只是短暫的一瞬間，絕非永遠……關於這個事實，觀音菩薩把它看透了！因為它仍然是離不開「空」的。

所謂的「空」，乃是指沒有實體，本質上並不存在的東西。以佛教來說，能夠永遠存在的東西才是「實體」，才算「本質性的存在」。

發誓永遠相愛。

希望永久享受榮華富貴。

希望能夠永生不死。

希望永遠……

人類窮其一生，不知製造出了多少個「永遠」？

事實上，一個平凡的人，絕對不能享受什麼「永遠」。正因為動輒要發誓什麼「永遠」，希望什麼都「永遠」，所以才會產生失意及絕望。因為，在此岸的人們，根本就看不清人生的真諦。

那麼，若沒有永遠存在之物的話，人生不是會變得很黑暗？

不會的，誠如《心經》所說——只要看透一切都是「空」，即可從苦痛（一切苦厄）之中獲得解救（度）。

人生充滿了痛苦。除了生老病死四苦，還有跟心愛的人分別的痛苦、與憎惡之人碰面的痛苦、不能獲得欲求之物的痛苦，以及有了肉身就不可能避免的痛苦……其實，只要看透「人生就是四苦八苦」，即可找到灑脫地生活下去的智慧。

舍利子　色不異空　空不異色
色即是空　空即是色
受想行識　亦復如是

● **中譯**

舍利子啊！色跟空沒有什麼不同，空跟色也沒有什麼不同，色就是空，空就是色，受想行識也是一樣。

四、一切都是「空」

● **現代語譯**

舍利子啊！有形跟沒有實體是相同的，沒有實體跟有形也是相同的。也就是說，正因為有了形體，才等於沒有實體；沒有實體，才等於有了形體。四種內心作用，感覺、記憶、意志、知識等，也跟有形之物完全一樣。

1 舍利子是釋迦十大弟子之一

釋迦牟尼在其生涯中收了很多弟子。在經典之中，很明顯的指出，其出家的比丘弟子多達一千兩百五十人。也有些經書上說成兩千五百人。

據說，在釋尊入滅後，前後就出現了五百名弟子把釋迦所說的話，用文字記錄下來。

在眾多的弟子裡面，有十名弟子特別著名。他們被稱為釋迦的十大弟子。

釋尊時時為出家眾或者在家弟子、信徒講經說法。他在講述經典時，習慣一面呼叫出家中弟子中的代表者，一面進行講述。

〔舍利子〕

因此，經典之中時時出現十個特定的弟子名稱，而這十位弟子的名稱，佛教徒幾乎都知曉。

這十大弟子是——

· 舍利弗
· 摩訶迦葉
· 須菩提
· 目犍連
· 阿那律
· 富樓那

舍利弗 智慧第一

舍利佛。擁有智慧及德行，受到弟子與民眾的崇拜。

須菩提 解空第一

須菩提。對於「空」理解得最透徹（＝解空）。

阿那律 天眼第一

阿那律。失明，但是獲得了超越感情的直感力（＝天眼）。

優波離 持律第一

優波離。實踐及理解種種規則以及戒律。為下層階級出身。

迦旃延 論議第一

迦旃延。在眼花撩亂的宗教裡面，此人在教義的演講方面最為出色。

摩訶迦葉 頭陀第一

摩訶迦葉。最能夠忍受粗食粗衣。

目犍連 神通第一

目犍連。為了使不守戒律的修行者養成正覺起見，驅使了神通。

富樓那 說法第一

富樓那。在說法方面，無人能出其右。

羅睺羅 密行第一

羅睺羅。釋迦的親生兒子。連戒律的細微處都不放過，而認真的遵守著。

阿難陀 多聞第一

阿難陀。雖無法了解釋迦的眾多教導，但件件能牢記著。為釋迦的表弟。

・優波離
・羅睺羅
・迦旃延
・阿難陀

除了這十個弟子以外，釋尊當然還有很多弟子。而這十個人之所以顯得特別出名，乃是他們在各分野都名列前茅的緣故。

當你誦唸《般若心經》時，將會發現「舍利子」這個句子前後出現了兩次。這個「舍利子」也正是十大弟子最前面的那一位「舍利弗」。

那為什麼不乾脆叫「舍利弗」呢？原因是其原來的印度名字為「舍利普多拉」，全體翻譯的話，就會變成「舍利弗」。而「普多拉」則是具有「孩子」或「兒子」的意思，故只翻譯此部分即是「舍利之子」的意思。

然而，我們佛教還有「舍利塔」、「舍利子」、「佛舍利」等名詞。

這個「舍利」跟「舍利弗」完全沒關係，乃是梵語「阿利拉」的音譯，意味著身體的骨骼，尤其是指佛陀以及聖人的遺骨。

正因為如此，安置遺骨之塔稱為「舍利塔」或「舍利殿」，尤其把釋尊的遺骨稱之為「佛舍利」。

・「色即是空，空即是色」

「色即是空」

2 「色即是空」乃是捕捉世間真實的智慧

至此我們已經來到了《般若心經》前半的最精彩的部分——「色即是空，空即是色」。

在一般的交談或者著手寫文章時，我們時常會引用這一句話。這一句話的字意很淺顯，並不難解，可是它所含的意義卻是非常深奧的。

以前有一位老外的政治家出席國際性會議時，作如下的演說：「我一向很喜歡東方的一句名言——『色即是空，空即是色』。所謂的『色』也者，就是英語的COLOR，『空』也者，就是英

語所說的SKY。也就是——『COLOR IS SKY，SKY IS COLOR』。

翻譯員感到非常棘手，聽眾更感到莫名其妙。那些洋人以為那就是著名的「禪問」呢！

不過，幾乎沒有人有資格嘲笑這位老外的政府家。因為，佛教的言語及思想，辭來就是很深奧的一門學問。

具體的說，一般佛教徒後來都是聘請別人來唸經，或者仍是由自

・百年繁華，南柯一夢？

己親自唸經，但只一味唸經，卻不去研究經典的內容了。

「色即是空，空即是色」——這一句話乍聽之下，似乎是一種言語的遊戲。事實上，卻是十足表現出了人世的真相。

「空即是色」

3 「空」到底是什麼呢？

有一個寺廟的小沙彌，任憑他如何研讀經文，或者聽師父輩的講經說法，仍然不懂經文的含意。

有一天，一個行腳僧來到寺廟，聲稱要找師父有事請教。於是，小沙彌就把他帶進正殿，師父馬上開口問行腳僧：「有話，但說無妨。」

「那麼，請教您，何謂開悟？」行腳僧如此一問，師父一句話也沒說，只向前伸出了右手的食指。

「那……實在太感謝您了！」行腳僧三拜九叩後回去了。

小沙彌躲在陰暗處看了之後，對佛教更是無法理解。

以後，又有好幾個行腳僧來問相同的問題，師父的舉止完全相同。

「我知道了，原來所謂的佛教也者，就是向前伸出請一隻食指。」

有一天，碰巧師父不在時，又有一個行腳僧來訪。所以，小沙彌只好代替師父接待。

原來如此！

「何謂佛呢？」

小沙彌立刻向前伸出了食指。

行腳僧在一瞬之間愣了一下，但是他又繼續問：「何謂宇宙呢？」

小沙彌一時愣住了！在萬般無奈之下，又向前伸出了食指。想不到行腳僧又接著問：「何謂空呢？」

就在這時，師父回來了，他看到了那種情形，立刻靠近小沙彌，用一把刀子把小沙彌的手指切掉。小沙彌驚駭萬分地立刻想把手指握住，但是那兒已經沒有手指了。師父說：「何謂空？」

小沙彌看到食指再也不存在了，瞬間突然領悟到「空」的含意。「噢……原來是那樣！」

4 冷眼看著既有的現實

佛教的基本教義之一，有所謂「無常觀」。意思是說——這個世界的所有現象，以及存在的事物，不可能老停留於相同的狀態，而是不斷地、不停地在發生變化。

「祇園精舍的鐘聲，似乎在訴說諸行無常……」

「河水源源不斷的在流動，新浪不停的推舊浪……世間的人又何嘗不是如此……」

這兩句話，都能叫人痛感人世間的「無常」。最遺憾的是，「無常」這一句話，常令人立刻聯想到死亡或者消

·芸芸眾生，總歸無常……

失，以致教人聯想到厭世、虛無。

不過，你無妨仔細的想想，所謂的無常也者，不僅是意味著那種否定、消極的東西而已，其實這種思想也包含成長、發展，以及進步。

不妨以冷眼看著既有的現實，好好的考慮應持著何種目標生活下去。也就是把「無常觀」當成思考的出發點。

——剛生下來的嬰兒，在父母親呵護下，一天一天的成長。

——新考入公司的年輕職員，隨著歲月的經過，不斷的升遷。

——液晶電視、手機、各種電腦等不斷地日新月異。

・成長、進步、老化、死亡……

諸如此類，都是人世「無常」所帶來的。

讓我們來捕捉一個瞬間。看起來，眼前好像有「嬰兒」、「新考入公司的職員」，以及「電腦」等實體存在。不過，那些只不過是瞬間的假象而已，絕對不是能永遠保存下去的實體。

「色即是空」就是說明這種現象。也就是所有以「形體」存在的東西（色），絕對沒有永遠續存的「實體」（空）。

那麼，我們不妨反過來想一想——正因為沒有實體才會變化、成長、進步、老化、死亡乃至消滅。

這就是「空即是色」。因為沒有永遠續存的實體（空），才會瞬間以一定的形體（色）存在。

例如，你現在閱讀的這一本書，在成書以前是紙張，成為紙張以前為樹木；不久以後將被焚燒掉，或者賣給收破爛的人。它只是一時保持書本的形體而已。也可以說因為沒有「書本」的「實體」，所以現在只是短暫地保持書本的形狀而已！

如此這般，只要能夠看穿所有的東西都沒有實體，我們就會了解執著於實體，實在是件無聊的事。《心經》的目的就是要教導我們這一點。

「受想行識　亦復如是」

5 心有時也會變

就像容姿以及形體會變化一般，我們人類的心有時也會變。一對熱戀的男女動輒發誓——「一直到死為止，我倆的愛、我倆的心，絕對不會改變……」新婚當時，還相信兩人之間的愛會永遠持續下去呢！

如此地宜誓「愛情永不變」的一對男女，不久以後愛情就會開始褪色。例如，看上了配偶以外的異性、進入了倦怠期、決意要離婚、希望另一半發生意外……等。只有極少數的男女，經過了一段長時間以後，仍能維持當初甜蜜的愛情。因為——愛情沒有實體。

同時，不管如何相愛的兩個人，如果其中的一個先死亡的話，不久以後，另一個人的悲痛就會被歲月沖淡。到時，甚至會對那時的悲痛感到莫名其妙。這也就是現實的人生。

・兩人的誓言、愛情也是一個「空」字

不僅對異性是如此，就是對待同性友人的心境，也是時常在發生變化。

就是在思想方法亦復如此。在年輕時代憧憬資本主義或者歐美世界的人，一旦進入社會打滾幾年以後，常會突然地向社會主義靠攏。諸如這種種，都可證明人心不時的在變化。

一向堅信自己立場的人，常會在聽了他人的一番話以後，突然改變了他的立場，這也就是人心善變的證據。也正是人心善於變化，因此才能夠使自己適應不同時代、不同環境，以及不同場合的生活。

所以我們知道，人心是個沒有實體的東西。關於這一點，《心經》說：「受想行識，亦復如是」也就是說心的四種作用跟「色」是一樣的，也是屬於「空」。

「色不異空　空不異色」

6 「不異」與「即是」相同嗎？

由於「色即是空」、「空即是色」這兩句話太有名了，其前面的「色不異空」、「空不異色」就顯得黯然失色。為什麼要先說「不異」，然後又緊接著倒過來說「即是」呢？

在此，所以要把「色不異空」、「空不異色」兩句話放在前面，無非是想藉著不同形式的表現，利用相同意義的兩句話，以便強調緊接著而來的兩句話（受想行識、亦復如是）。

佛教經典有很多相同語句的重複，正因為如此，經典才變得非常冗長。不過，這部《般若心經》倒是儘量避免重複，有時甚至極端的省略，以便使全體簡短，而儘量收容重要教義的精華。

至少，在涉及「空」的思想方法，可說是這部經典的生命。是故，利用這四句的動機，無非是在強調而已。

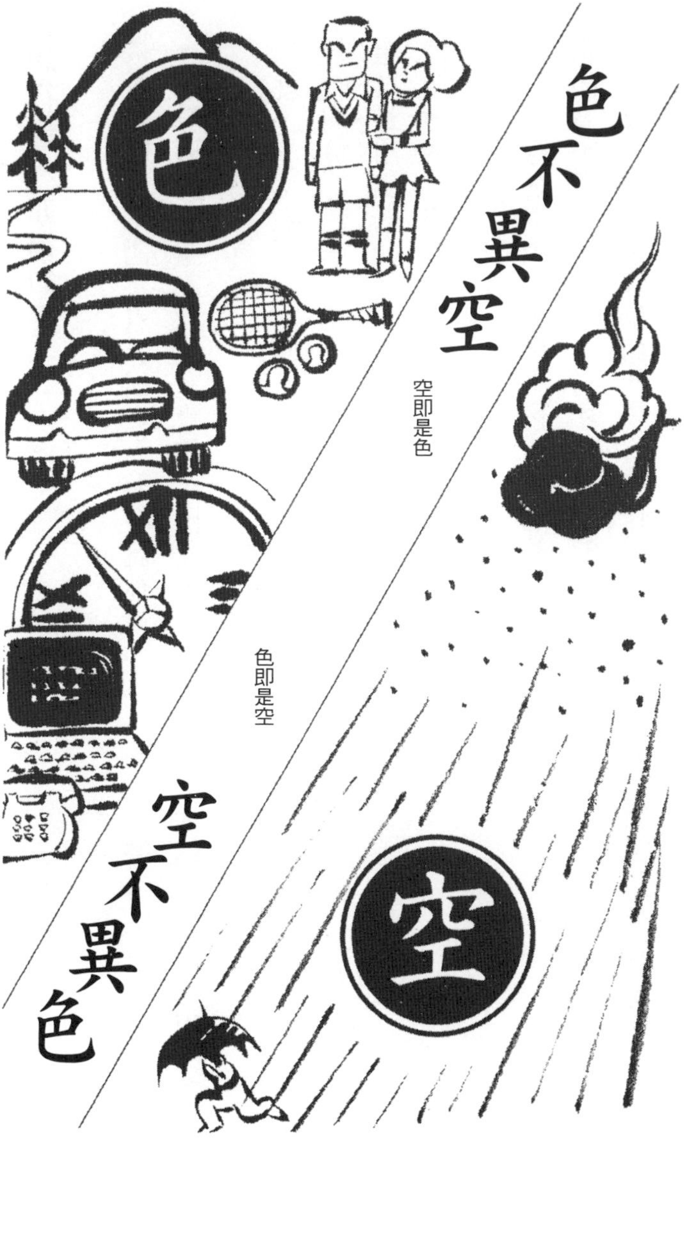
色
色不異空
空即是色
色即是空
空不異色
空

■舍利子　色不異空　空不異色　色即是空　空即是色　受想行識　亦復如是

觀音菩薩就是因為看透構成人類的五種東西——色（肉體）以及受想行識（精神），悉釋屬於「空」而沒有實體，因此，才能夠從一切的痛苦與煩惱中，救拔眾生。

也就是說，欲從迷惘、痛苦、煩惱等生活中獲得解放的話，必須要有所謂「空」的關鍵性想法。「這個世界沒有一個永遠的東西，一切都非本質性的存在」——這就是所謂的「空」

釋迦對弟子中的一人舍利子如此說：

以形態存在的東西，都不可能永遠的存在—色即是空。

正因為不能永遠存在，方才以假象的方式存在於一時—空即是色。

不僅有形態的東西是如此，心的作用亦復如此—受想行識，亦復如是。

在此我們試著把「人類」放置於「永遠」的時間裡面。

人類到底到底能夠活多久呢？了不起一百年吧！如果把「永遠」設定為一百的話，「百年」幾乎等於零。

那麼，若把千年古樹跟「永遠」比較又如何呢？仍舊是等於零，縱然是聳立於都市中，看起來能維持百年的高樓，亦復如此。

正因為不能永遠存在，方才被給予一時的假象，以致看起來好像是「有」。

既然如此，我們應該怎麼辦才好呢？

有道是「人身難得」。既然得了人身那就別辜負它。

既然一時生為人身，那就應該充分利用這個機會，好好修行，不應追求瞬間的享樂。好不容易能生為人身，那就不應該在絲毫沒有作為之下，把一生給白白糟蹋掉了。

在這個部分，《心經》所強調者，並非只是「一切都是空」而已。它也教導我們如何有意義地利用我們的一生，以便適應未來的變化。

把「空」的智慧，活用於今日——這才是最重要的一件事。

舍利子　是諸法空相
不生不滅　不垢不淨　不增不減

• 中譯

舍利子，這些法都呈空相，不生也不滅，
不垢也不淨，不增也不減。

五、超越時空而活著

• 現代語譯

舍利子啊！這正意味著這個世界的所有存在之物以及現象，都是沒有實體之物。是故那些事物本來就是不生不滅的，不骯髒、不乾淨、不增加也不減少。

〔是諸法空相〕

因為會變化，所以沒有實體

不管是人類或者任何生物，有形狀的肉體以及心境，都會時時發生變化。

人類以外的存在物或者現象，是否有心靈世界的存在呢？關於這一點，不無疑問，所以我要將範圍縮小在人類身上，來進行敘述。

一個人從誕生的那一瞬間，就成為肉體及精神的合併體，一直維持到死亡為止。而且，縱然是一分一秒的生存，其與以前的一分一秒也不見得相關。

換句話說，正因為是「無常」，我們才能夠繼續存在。如果一直沒有變化的話，不僅不會成長及進步，甚至不可

・一面變化、一面保持身心平衡

能有老化與疾病。

若以相同的形態、相同的心態永遠地存在，那就談不上死亡，更談不上有新生命的誕生。

當然，誰都知道事實並非如此。因為，有了變化，生命才會誕生；由於有所謂的變化，每一個人都要迎接老年與死亡。不過，在死亡來臨以前，仍須一面變化、一面保持身心的平衡。

正因為如此，方才說世上的所有存在物以及現象（諸法），都是沒有實體、不折不扣的「空相」。

2 「我」是一時的假象

〔不生〕

每一個人都是根據自己過去本身的業報，也就是行為的結果，而生於這個世界——這是佛教輪迴的思想。由此可見，所謂的「我」並非從「無」產生。

是故，所謂「我」的現存之人，乃是從過去到未來一面變化、一面續存的「空」蕩之物，也就是一時的「假象」而已！

既然如此，生為現存之人的現象，也是變化的一種容姿而已，根本就沒有「生於世」的實體。

的確，一個人的誕生，會給人一種是生命誕生的印象。但若基於科學的眼光來看，則人類是承受父母的遺傳因子才能構成一個新生命，並非無緣無故突然「生出來」的。所謂「業報」，只要認為它是過去幾代先祖的遺傳因子所使然，就不會認為其乃荒唐無稽的想法。

而且，所謂的遺傳因子之中，不但含有姿態、臉孔外型等肉體方面的遺傳，甚至還包括能力、性情等精神方面的特質。了解這點之後，所謂「業」所使然的輪迴想法，便能夠教人充分理解與領會了。

其實所謂的「業」，非但僅指行為以及言語，還包括心裡所思想的事。是故，其內容甚為複雜。

如果這種所謂「業」的東西是輪迴主體的話，那麼由往世到今世再到來世……永遠地重複轉生的結果，將使人感到「業」的本身彷彿是實體似的。

事實上，所謂「業」，是不停地把一瞬間的身、口、意等行為加進去，故不會在相同狀態下繼續下去。正因為「業」不斷地在變化，所以當然就沒有實體。

經典中屢次提起的「不生」，乃是意味著這個教人迷惘的世界。既然一切的現象以及存在之物，都沒有實體可言，那麼所謂的「誕生」，自然也不可能有實體，只不過是現出了一時的「假象」而已！

世人常說的「生孩子」，乍聽起來，好像是憑自己的意志就能生孩子似的。其實，你只要仔細想一想，除非有緣分，或者備齊種種的條件，否則絕對不能生下孩子的。

由此可見，孩子是「被賜予」出來的，絕對不是「被製造」之物，因為他根本就沒有「實體」。

未來
· 何謂「永遠」！
人道
阿修羅道
過去

〈輪迴轉生〉

· 過去、現在、未來……
  眾生永在輪迴中……

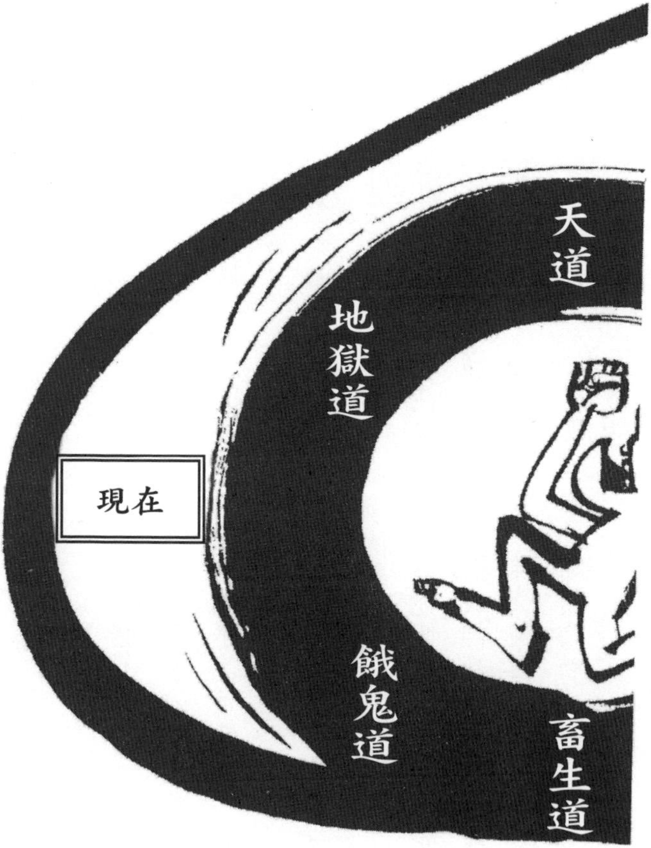

3 死亡後也不能化為烏有

一個人死亡以後會變成什麼呢？所有主張靈魂不滅的宗教都如此說——就算肉體消滅，靈魂也會永遠存在。

以主張無我的佛教來說，因為一開始就否定有實體的「我」——也就是其他宗教所說的靈魂。是故，一直認為本來就沒有的東西，死後也不可能變成沒有。基於這點，佛教也說，不可能在人死亡以後，什麼都化為烏有。所以，佛教主張「不滅」的說法。

佛教認為所謂的「業」（過去的全部行為）乃是輪迴的主體。是故，在肉體消滅以後，仍然要「帶業往生」。

「不滅」

或許如此說明還不夠充分吧！到了後世，還要搬出前輩子收藏的「業」種子的阿賴耶識（就是第八識），聲明這才是輪迴的主體。

以東洋佛教界來說，所謂的「即身成佛」（以肉體的狀態成佛），以及「往生成佛」（死後重生於阿彌陀佛的極樂淨土），形成佛教的兩大主流。是故，實在沒有論及輪迴思想的必要。

那麼，「肉體的消滅」到底又是指什麼呢？

・「業」乃是輪迴的主體

一旦成佛，即可解脫輪迴的種子（解脫），永遠停留於開悟的狀態。因此，雖然肉體消失，也不至於一切都歸零變成一無所有。

到了這種境地，就可以跟佛成為一體，繼續生存下去。不過，這部經典所謂的「不滅」，並非指這件事。

本來在這個充滿了迷執的世界裡，不管一切的存在之物或者現象，都沒有能永遠持續下去的實體。相對的，所謂的「生」也不可能有實體，至於「消滅」更不可能擁有實體。本經典所謂的「不滅」，就是指這一點。

換句話說，超越了相對的生滅之處，方才有佛教的開悟存在。

4 這個世界沒有所謂的「絕對」

・用恒河之水來洗淨身體

〔不垢〕

人類一般很在乎的相對性之事物，除了「生」與「滅」之外，還有很多。例如，「清淨」與「骯髒」就是一個例子。

關於這種「髒」與「淨」的判斷，是否正確呢？或者只是基於人類的立場，「濫」加以區別的呢？

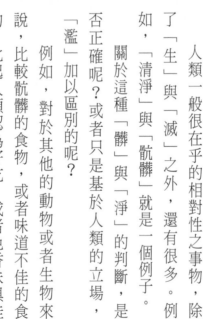

例如，對於其他的動物或者生物來說，比較骯髒的食物，或者味道不佳的食物，比起人類認為好吃，或者色香味俱佳的食物來，也許更叫他們愛用呢！

到目前為止，以印度為始的許多國家的人民，排便後並不使用紙張揩拭，而是

・印度恒河河畔的居民

使用水來處理。相信我這麼說時，絕大多數的人都會皺起眉頭來。事實上，用水處理，比用紙張來揩拭更為清潔呢！清淨與骯髒的印象是相對的。關於這一點，也往往會受到時代、國家以及習慣所左右，根本就沒有什麼是「垢」（骯髒），什麼是「無垢」（乾淨）的絕對性標準。

至此，我們就恍然大悟了。原來，我們以迷惘的眼光分別「垢」與「不垢」的一切，充其量只是相對性的判斷而已！

我們只不過是在為本來沒有實體之物做決定而已。《心經》的「不垢」兩字，不外是意味著這個世界的一切東西既然是「空」，那就沒有什麼髒與淨的區別了。

5 永遠之美只不過是虛幻而已

〔不淨〕

有如《心經》所說的「垢」（不乾淨）一般，有很多我們認為「美」（潔淨）的東西，充其量只是相對性的判斷而已。其實，這也就是「不淨」。

佛教有一種所謂「不淨觀」的修行法。為了遠離欲望以及執著於生存，必須認識人類是「骯髒」的東西，或者是「不乾淨之物」。

例如，不管再年輕、再美麗的花漾女子，一旦變成老太婆時，就會醜態畢露。「美如花」不過是人生中一個時期的現象，並非永久不改變。就以現在貌如西施的女人來說，腸肚裡不也都是塞滿糞尿。如此地看清看透真實，對人生來說，是非常有必要的。

如果能採取這種看法，那麼一旦看到了美色，就會認為那是自取煩惱。最後，對於這個世界的「淨」與「美」，都能領悟那是自己的錯覺，是差別的眼光所造成的「幻相」罷了！

不僅如此而已，一轉眼之間，每一個人都得迎接死亡。尤其是在往昔，人

・人的錯覺會產生不同「幻相」

們多數採用土葬的方式。人死後不久，身體就會開始腐爛，長滿蛆蟲，旋即化成白骨。這就是人生的真實狀態。

清淨東西的裡面，必定有骯髒的一面。這個世界裡，沒有一樣東西能夠永遠保持潔淨如新。

及早感悟到這一點，就能夠萌出追求開悟的意志，以及這方面的意欲。

《心經》上說，所有存在於這個世界的東西以及現象，既不髒也不淨、既不美也不醜。因為，一切都是「空」，哪來這些相對的「幻相」呢？

6 勿受部分現象及存在物所拘束

那麼，所謂「增加」及「減少」的相對性判斷，又是怎麼一回事呢？

貫穿全世界陸地的無數河川，雖然形狀並不相同，但是最後都是把江河之水注入了大海。

或許有人會認為，長此這樣下去的話，有一天海洋會容納不下那麼多水，海水會逆流到陸地，不久以後，地球的陸地將被淹沒殆盡。

然而，地球保存現在的形態，已經有了幾億年至幾十億年的歷史。在這一段漫長的時間內，海與陸地的比率可能有變化，然而河水始終流入海裡面，但

〔不增〕

是海水從來就不曾淹沒過陸地。

這到底為什麼呢？

那是因為海水被太陽所蒸發，變成了雲、霧，再變成雨水、霜雪等下降到陸地……這一事物不斷的被循環，海水自然就不會滿溢。

正因為不斷地在循環，是故全體看起來不增也不減，時常保持相同的量。

嚴格地說來，如果是站在科學立場

・山西晉城青蓮寺宋代普賢菩薩

議論的話，以上的說法或許不能成立。但是《心經》所謂的「不增」也者，乃是意味著——不能憑一部分的現象以及外形判斷事物。

人類的數目亦復如此。目前，全世界人口號稱四十億，在往昔，人類數目可能少得很多。

然而，這只是強調「生」的現象，把生下來的東西當成實體接受，方才有那些統計的結果。

如果察覺到那些都是「空」的話，那就只等於三千萬人的遺傳因子，分散給一億兩千萬人繼承而已！

如果把他們也當成沒有實體的存在物，那麼以全體來說，根本就沒有任何的變化。

因為，所有的人都攝取存在於地球上的食物生活，而這些食物也繼承先祖的遺傳因子，攝取其他的營養生活。如此這般不斷的循環，是故，以地球上面的全體存在物來看，並沒有增加。

關於這一點，可以比照「能源不變法則」，如此就可知道那是不爭的事實，縱然從原子以及元素的數量來看，亦復如此。

既然是「諸法空相」，當然就不可能增加了。

・人生再長久，也只是一瞬間罷了？

「不滅」

7 人類不可能滅亡

河水不斷地向東流動，除非碰到嚴重的枯水期，否則的話，它是不會停止流動的。

仔細想起來，真是教人感到不可思議。山村中蓄存的地下水以及地上水不斷地在流失，但始終不會流乾枯竭。人類亦復如此。

從人類誕生到現在，世界的人口繼續在增加。不過，到最近又反常了。以世界性各國政府對人口膨脹的優生節育保護法之提倡，每一對夫婦所生的孩子數目，已經從兩三個減少到一．八個。不久的將來，人口還會逐漸的減少。以整個世界來說，到了二十一世紀某個時期以後，人類的數目也必然會劇減的。

理論上來說，只要人類的數目不停的減少，幾百年後人類可能會消滅。或者在這以前，人類將掀起核子戰爭，導致大滅亡。

那何以《心經》說「不滅」呢？

我們不知道人類是何時出現於地球上。不過，到人類進化出現於地球上面為止，地球上根本就沒有人類的蹤跡。

・宇宙存在多久了？

在這以前的幾十億年，甚至連其他的生物都不存在。

這以後，由於種種的原因以及條件的重疊，產生了各種生物，進化以後，方才誕生了人類。其數目也陸續的增加，但仍然是沒有實體的東西，也還是離不開相對的看法。

是故，在開悟者的眼光裡，只單純停留於現象及形狀的變化而已，實體仍然保持「不增不減」。

恰如「金錢是天下的通貨」一般，只要發行的紙幣或者貨幣保持定量，個人所擁有的金額雖然有變化，但是站在全體的立場來看，仍然是不增不減。

■舍利子　是諸法空相　不生不滅　不垢不淨　不增不減

「喜愛美麗的東西，侮蔑醜陋之物。」

「憧憬強而有力之人，輕視弱者。」

「巴結富者，蔑視貧者。」

「崇拜龐大的東西，拋棄微不足道的小東西。」

人類在生活方面，為何老是會受到「相對之物」的左右呢？為何要憑自己的標準，戴上自己的「有色眼鏡」去看人世？

難道你不知道，這些將會變成「苦」的原因？

這個世界根本就沒有所謂的「絕對」。雖然有不少人相信「絕對」，但是所謂的「絕對」根本就不存在，一切都只是「空幻」。本章就是要敘述這一點。

人世裡的所有東西都是「空」——是諸法空相。

而且本來就不生不滅——不生不滅。

既不骯髒也不乾淨——不垢不淨。

既不增加也不減少——不增不減。

關於這些真實，人類卻不屑一顧。

因為人類具有迷惘之心，認為——「某處有某種永遠的存在」。

首先，必須去除所謂執著的不幸——

「人生很痛苦！」

「人心永不知足！」

「人類是不乾淨的東西！」

「對異性有非分之想的欲望！」

雖然釋迦苦口婆心的勸說，但是絕大多數的世人，仍會認為——「人生充滿了樂趣」以及「那個女人很漂亮」的想法……

佛叫我們拋棄自己狹窄的想法，睜大眼睛看世界的真實，以免掉入陷阱裡面。佛的智慧廣大深遠，不僅是絕對的，也是客觀的。人類認為「絕對」的東西，在佛的眼光裡，卻只是「相對性」的東西罷了。

是故空中　無色無受想行識
無眼耳鼻舌身意　無色聲香
味觸法　無眼界　乃至無意識界

• 中譯

因此，空中即無色也沒有受過行識，更沒有眼耳鼻舌身意，也沒有色聲香味觸覺，沒有眼界，乃至沒有意識界。

六、捕捉這個世界的真實

• 現代語譯

因此，所謂無實體的事物中，沒有一件具有形體。更沒有感覺、記憶、意志、知識等精神作用，亦沒有眼、耳、鼻、舌、身體，以及心等六種感覺器官，甚至沒有形、音、香、味、接觸感、心的對象等各種感覺器官的對象，更沒有接受它們的從眼識到意識為止的六種心的作用。

1 你還「揹」著那個女人嗎？

一位禪僧帶著小徒弟外出，走在剛下完大雨的道路上。不久後，小徒弟看到一個漂亮的小姑娘，在一大攤水前面正在發愣。

小徒弟感覺到——真是個標緻的姑娘，心裡很想助她一臂之力，奈何師父說出家人不能近女色……以致就要默默地走過去。

想不到，這時候，師父反而走近小姑娘，對她說：「妳就抓緊俺的背部吧！俺把妳帶到水的那一邊。」

揹著小姑娘到水的那邊之後，和尚接受了姑娘的道謝，又涉水回到小徒弟

那兒。師徒倆又默默地上路。過了不久，小徒弟突然問師父說：「師父，我看剛才那一個標緻的年輕姑娘……」

「噢……她那麼年輕嗎？」

「是啊！她標緻得很呢！叫人忍不住要多看了她幾眼。」

「噢……原來……她不但年輕，還長得很標緻哩！」

「請問師父，一個出家人揹女人是否破了戒律？」

「奇怪耶？原來你還『揹』著那個女人啊？」

——是故，空中無色，無受想行識。空中無有形之物，甚至沒有感覺、記憶、意志、知識等精神作用。

〔無眼耳鼻舌身意〕

2 看、聽、氣味……一切都相同

《心經》說，這個世界的所有一切都是「空」。既然「空」，裡面就空無一物。第一是前項所說的受想行識，再下來就是人類的感覺器官。

人類有六種感覺器官，一向被稱之為六根。所謂「六根」也者，包括眼、耳、鼻、舌、皮膚，以及心。

《心經》稱此為——「眼耳鼻舌身意」。

到「眼耳鼻舌身」為止，現代人還聽得懂。比較難懂的是「意」，指的就是內心的作用。這種作用包括感受性的「受」、記憶作用的「想」、意味著意志的「行」，以及含有認識或識別意義的「識」等精神作用。

以現代的說法來表示，可說是包括了深層心理的作用。在《心經》裡面，則把一切精神方面的作用概括起來，利用一個「意」字來表示。

人類老是為煩惱所糾纏，以致時常把六種感覺器官使用於欲望方面。正因為如此，更應該使六根儘量保持清淨。正像——「爬山時，必須保持六根清淨」的說法能夠保留到今天，當然自有它的理由存在。

如果把眼與耳、鼻與舌分別開來，認為各種器官能發揮不同作用的話，還是屬於錯誤的看法。

換句話說，六根並非個別的存在，它們都是息息相關的器官。因此《心經》才說——「無眼耳鼻舌身意」。

〔無色聲香味觸法〕

3 看無之物，聽無之音

有了眼睛就能夠看到一切東西嗎？

本來就是無的東西，根本就看不見。也就是說，必須要有眼睛能夠看到的對象，方能夠使人看到。因為那些對象都有形狀，因此被稱為「色」。

其他的五種感覺器官亦復如此。耳朵的對象為聲音（音），鼻子的對象為氣味（香），舌頭的對象就是味道（味），皮膚的對象為觸感（觸），心的對象叫做「法」。

這六種對象稱之為「六境」，整理起來為——「色聲香味觸法」。

這「六境」之中尤以最後的「法」，具有最廣泛的意義。

心的作用極為複雜。例如，我們可以想到過去的種種事情，也可以在毫無拘束之下，想像未來的事情。就像是身在國內，卻可以想像外國以及宇宙的事情，甚至可以感覺到那兒根本就沒有的物體之聲音、氣味以及接觸感。

就是普通人，偶爾也可以獲得「心眼」。據說只要經過某種特定的修行，就能夠獲得「天眼通」或者「天耳通」。這或許也是一種心的作用吧！

・「以心傳心」

至此，我們就不難知道，沒有東西也能夠看到，沒有聲音也可以聽得到。所謂沒有「看」的對象就「看不到」，是迷執於世界上相對的看法而已。以致，《心經》才舉出了——「無色聲香味觸法」

禪宗的宗派時常使用「以心傳心」這一句話。這表示——可以在不說一句話之下，把自己的心意傳給對方。

達到這種場合，兩者必須達到同程度的心靈狀態才行。不管一方多麼希望「心傳心」，如果對方沒有這種心態的話，絕不能到達「心傳心」的境地。

「沒有東西就得不到」，停留於此境地的人，到底還到不了《心經》所說「空」之境地。

〔無眼界 乃至無意識界〕

4 縱然有東西，如果沒有看的意志的話……

只要眼前有形象之物，是否就一定能夠看到呢？這也不盡然。也許，大部分的讀者已經體驗過視而不見、聽而不聞的狀態吧？

筆者一年到頭在大學授課，有時也隻身到全國各地演講，發現學生及聽眾中心不在焉的很多。

我所說的「心不在焉」的人，並非是在彼此交談，也不是在閱讀其他的書籍，更非在打盹……

我本人大聲疾呼的說話，聽眾都擁有名叫「耳朵」的感覺器官，然而，他們並沒有聽到我所說的話，這又是為什麼呢？

那是因為——他們沒有聽的意志。

有一部分人的耳朵並沒有聾，對於自己有好處的「話」，每句他們都聽得相當清楚；可是逢到對自己沒有好處的「話」，他們就聽不到了。

佛教眼中的世界

十二處			六識
眼根	色境	⇨	眼識界
耳根	聲境	⇨	耳識界
鼻根	香境	⇨	鼻識界
舌根	味境	⇨	舌識界
身根	觸境	⇨	身識界
意根 (六根)	法境 (六境)	⇨	意識界

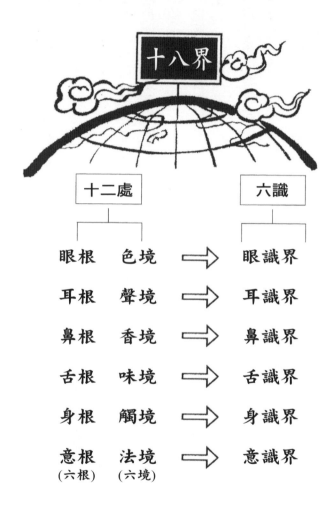

關於「看」的方面，亦復如此。例如，跟某人交談了幾個小時之久，事後卻記不得他穿的衣服顏色。嚴重一點，甚至弄不清楚對方穿哪一種衣服，以及是否戴著眼鏡。

那是因為雖然面前有「看」的對象，但是你卻毫無看的意志，以致完全沒有印象。

六種感覺器官對於各自的對象，都不能例外。

也就是說，有眼睛、有「看」的對象，以及有「看」的意志時，方能看到東西。這三個因素只要缺一，就不能看到一切東西。

這種「想看」的意志，叫做「眼識」亦可稱為「眼識界」。

除此以外，還有耳識（界）、鼻識（界）、舌識（界）、身識（界）、意識（界）等，統稱之為六識。

在《心經》中，「無眼界乃至無意識界」中間的耳識、鼻識、舌識、身識四種，而這一句「乃至」的字眼，卻被省略掉。又如最初的眼識界一樣，「識」字也被省略，而變成「眼界」兩字。

5 沒有眼睛亦能看到「真實」

有眼而看不見、視若無睹的人固然不少，但是也有一些沒有眼睛的人卻能「看到」東西。對於這一點，我們只要看看這個盲者的說法就不難理解——

有個盲人準備摸夜路回家時，他如此的對商店主人說：「老闆，請您借給我一隻燈籠。因為，今天晚上好像沒有月亮，可能也沒有星星……」主人回答：「您的眼睛已經瞎了，燈籠對您又有什麼用處啊？」

誰知盲人如此的回答：「是啊！正因為俺瞎了眼，提著燈籠才不會叫明眼人撞上俺呀！」

睜眼的人，正因為能夠看見，故對於黑夜是一點辦法也沒有。相對的，瞎眼的人對黑暗並不會感到痛苦，因為在黑暗裡，他們能夠「看見」。

我們雖然有眼睛等六種感覺器官，但是並沒有正確而充分的利用它們。

有一些人雖然沒有眼睛，但是能夠很正確的看到人世的真相。另外有些人雖然睜大著眼，然而卻無法正確的判斷事物。這兩種人之中，到底哪一種會在這個世界受苦呢？

6 意識到，但是要貫徹於無意識

人類具有感覺的器官「六根」。六根的對象「六境」，以及接受它們的「六識」。然而，最重要者莫過於「意識界」。

以醫學的分野來說，最近所謂的「腦死」成為最熱門的話題。腦部的機能停止，號稱「腦死」，可見「腦」跟「意識界」有關聯。

一旦「意識」消失，就算肉體繼續生存，仍然不能算為「活著」。

那麼，現在活著的我們，是否能正常的使「意識」發生作用呢？這也不盡然。正因為有了意識，方才會產生煩惱，並且為偏頗的想法所執。「執」即是佛學稱固執事物而不離之妄情。

也就是說，雖然把它們存放於「意識」中，但是必須以無意識貫穿它們。只有如此，才能接近開悟的世界。

當你能夠在「意識」以後，再憑自己的意志完成「無意識世界」時，你就會恍然大悟。以前你認為有價值的事情，頓時已變成毫無價值之物，而你一向渴求的東西，也只不過是你當時欲望的對象罷了！

7 這個世界的一切都是空都是無

六種感覺器官構成的六根，其對象的六境，以及接受它們的六識，合計起來全部為十八項。佛教稱此為十八界。

佛教也有所謂「十界」的宇宙觀。此乃是——地獄、餓鬼、畜生、阿修羅、人道、天道等必須輪迴的世界，共為十界。

換句話說，所謂的十界也者，乃是從客觀立場來看的一種佛教的宇宙觀。相對的，《心經》所謂十八界也者，乃是從主觀立場來看的宇宙觀。

只要是存在於視界的東西，不管是人、物，或者現象，我們都能夠看見，只要有心去看。然而，在視界以外的東西，就算是我們有心要看，仍然無法看見，是故不能說它為「有」。

如果是你過去曾經看過的東西，或者親眼看過的人告訴你某物確實存在，那麼它就會變成記憶或者知識，永遠存留於你的腦海裡。當然，那一件東西於你來說就算存在。

然而，不曾看過、不曾聽過、不曾嗅過、不曾嘗過，不曾觸摸過的東西，除非被當成知識傳授，否則的話，縱然真的有這種東西，以主觀來說，也等於沒有。

乍看之下，前述的十界，似乎被說成客觀性的存在。

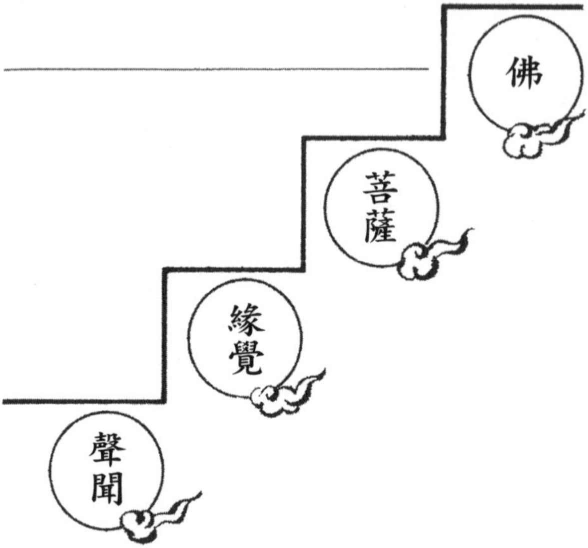

〈十界〉

六個輪迴的迷惑世界
（＝六道）

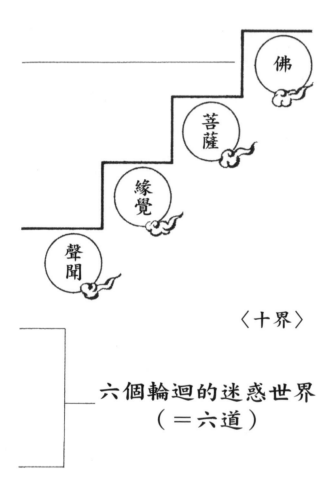

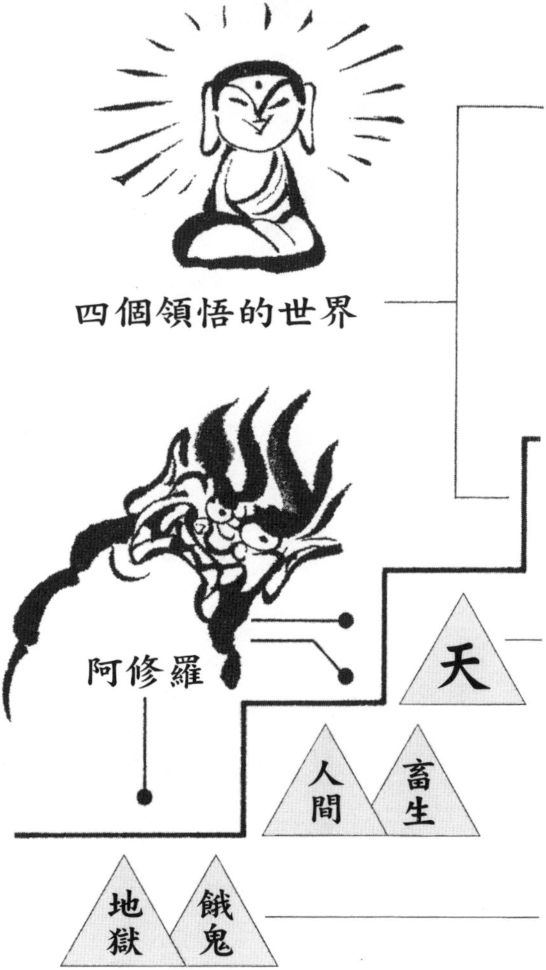
四個領悟的世界
阿修羅
天
人間
畜生
地獄
餓鬼

事實上，跟十八界比照之下，立刻就會感覺那是主觀的認識。

例如，碰到火災時，你親眼目睹到某一個人被火焚，或者你一差一點就被燒死時，你就會感覺那是一個活地獄。

肚子饑餓異常時，一嗅到美食佳餚的氣味，你就會感覺自己彷彿已經變成了餓鬼。

因為有所謂的「人間地獄」、「在地獄會見佛」，就算現實上不曾到過地獄以及餓鬼世界的人，仍然會痛感那種世界的恐怖。

心靈方面的對象似乎是無限大。事實上，如果沒有「眼耳鼻舌身」等五種感覺器官之體驗，又不曾以知識的方式被灌輸的話，就算那些東西真的存在，對人來說也等於是無。

經過如此分析之後，被分成十八種的宇宙觀，也就等於是個人眼中的全部世界了。

不過，《心經》又主張，如此的分類不外是人類煩惱之下的產物，事實上，每一個世界的結果仍然是「空」；並以一個「無」字否定所有的東西，表現——全世界畢竟沒有一個永遠不變的實體。

・人心所嚮往的宇宙觀

■是故空中　無色無受想行識　無眼耳鼻舌身意　無色無聲香味觸法
無眼界　乃至無意識界

好不容易被生為五體健全、各種感覺器官都完備的人，但卻不充分活用它們，反而濫用它們的人，可說非常之多。

比起身體有一部分缺陷的人，以及感覺器官有瑕疵的人來，多數五體完備的人，卻一直過著毫無意義的生活方式。

這也正是——現實的人生。

即使在兩千五百年前，或是現今的年代，這種現象卻完全沒有改變。

正因為看穿了這點，佛才在《心經》的這個部分，強調肉體及精神，各感覺器官，以及其對象、捕捉對象的意志等為「無實體之物」。同時佛還提醒我們不曾好好的把它利用於開悟方面——

因為所有的東西都是「空」，
是故在「空」裡面，

沒有色（肉體），沒有受想行識（精神作用），
也沒有感覺器官的眼、耳、鼻、舌、身、意，
更沒有其對象物的色聲香味觸法，
也沒有意志的眼界、耳界、鼻界、舌界、身界，以及意識界。

佛告訴我們，人生不過是永恆中的一瞬間。

因此，必須更為妥善的利用我們的這一生。

單純把每一個感覺器官利用於滿足欲望方面的話，未免太可惜了。

如果不痛感這一點的話，那就等於沒有閱讀過《心經》這部經典。

那麼，身體有缺陷的人又該如何呢？

如果因為有缺陷而退縮的話，那就不能充分的活用其他完整的器官。最重要的是心的問題，而非身體的問題。必須擁有不拘泥之心。必須超越拘泥與體性，乃能夠找出「真正自由的人生喜悅」。

無無明　亦無無明盡　乃至無
老死　亦無老死盡　無苦集滅
道　無智亦無得　以無所得故

• **中譯**

沒有無明，也沒有無明的盡期，甚至沒有老死，更沒有老死的盡期，也沒有苦集滅道。沒有智也無所得，因為無所得的緣故。

七、無始也無終一切都無

• **現代語譯**

沒有所謂的無知，無知也沒有盡期，甚至沒有衰老死亡，老與死皆為盡期。對於痛苦及其原因，無法消除它們，也沒有消除的方法。正因為沒有任何東西可得，故無法獲得智慧與好處。

「無無明 亦無無明盡」

1 所謂的無明也者，乃是指不知世間的真理

《心經》裡有一個叫「無明」的字眼。這兩個字的意思是「不明是非」，也就是意味著無知與愚昧。

人類特有的煩惱，大致可以分為：貪欲、瞋恚以及愚癡三種。

無明也就是無智，跟愚癡有關聯。這個「愚癡」的梵語為「莫迦」或者「莫伽」。

如此這般沒有智慧，下不了正確判斷，稱之為無明。

事實上，這種愚昧也就是人類一次又一次投胎於迷執世界的根本原因。

這也正是所謂的「十二緣起」。

那麼「無明」又是針對什麼而說的呢？那正是針對般若的智慧而說。換句話，不知世間的真理無法下正確的判斷，也就是所謂的無明。

・北魏時期——佛與兩菩薩

接下來是「無無明」，也就是沒有無明。「無無明盡」，也就是意味著無明的無盡，是一句否定的話。

一切都是「空」。本來什麼也不存在。既然什麼都不存在，當然也沒有無知及一切。當然無知（的存在）也無盡。

在前章便說到十八界為「無」，繼而否定佛教基本教義的十二緣起。

2 「十二緣起」從無明開始，止於老死

我們這些人現在正活著。這件事不管是否實體，我們是無法否定的。

站在佛教的立場看，現在個人的存在，乃是上輩子「業」的結果，也是未來投胎的原因。

也就是說，在理論方面，佛教承認有前世與來世。

有一句話叫「自作自受」。

這句話可分成善恩善果以及惡因惡果。撒良好的種子，當然能獲得良好的結果，如果撒壞種子的話，只能獲得惡劣的結果。

緣起

無明	行	識	名色	六入	觸
．也就是無知。	．想入胎的願望。	．進入母親的胎內。一個生命就是如此開始。	．身心不斷的發育。	．六種的感覺器官逐漸地完備。	．被生下來以後，接觸到外界的種種對象。

不過，現代人使用「自作自受」這句話時，總是意味著惡劣的結果。

「因為你一直在做喪盡天良之事，因此才會遭受天譴！」

「誰叫你不聽我的話，今日才會落得如此的下場……」

上述的兩句話，的確是「自作自受」；但是，請你別忘了下述的兩句話也是「自作自受」——

「正因為你時時銘記善心，方始有這種好結果。」

「因為你非常聽話，所以上頭才會提拔你、賞識你。」

諸如此種的自作自受，並非只基於這一世的因果而已。前世的原因，將以

十二

- **受** ·能夠基於對象，識別苦樂。
- **愛** ·對自己喜歡的對象之愛心。
- **取** ·想佔為己有的執著。
- **有** ·想生存下去的欲望。
- **生** ·愛生，被生下來。
- **老死** ·年老而死亡。

結果的方式，出現於這一世，而現世所累積的種種原因，將以結果的方式，出現於來世。

這些想法，也就是所謂的十二緣起或者十二因緣。

十二緣起也就是：①無明 ②行 ③識 ④名色 ⑤六入 ⑥觸 ⑦受 ⑧愛 ⑨取 ⑩有 ⑪生 ⑫老死。

在這些裡面，①與②為前世的原因，③到⑦為現世的結果，⑧到⑩為造成來世的現在原因。而⑪及⑫乃是未來的結果。這也叫做三世兩重因果。

在《心經》中，只舉出第一的「無明」以及第十二的「老死」至於中間的十個教義則以「乃至」的字眼省略掉。

而且，跟前述一般，每一項都使用「無」的字眼，從「空」的立場被否定掉了。

〔乃至無老死 亦無老死盡〕

3 輪迴轉生的想法

所謂的「輪迴」也者，乃是指前世到現世，現世到來世也重複著生死的現象。除非斷掉迷執，到達開悟的世界成為佛陀，否則輪迴將永遠的繼續下去。

十二緣起的第十二項「老死」，也正意味著再轉生到迷執的世界。

現在我就要照依順序，基於十二項鏈鎖之輪，說及三世輪迴轉生的原因及結果。

老化之後，為什麼會緊跟著死亡呢？那是因為有第十一的「生」。因為有了這個「生」，人類都會因為衰老而死亡。

既然如此，為何還要被生下來呢？那是基於三個原因。也就是第八的「對自己喜愛對象之愛心」、第九的「欲佔為己有的執著心」（取），以及第十的「欲生存之欲望」（有）。

那麼，為何會引起生於未來呢？那是因為必須經過投胎於母親的懷裡的「識」（第三）、在母胎內身心兩者都能夠發育的「名色」（第四）、在母體內六種感覺器官徐徐完備的「六入」（第五）、生下來後接觸到外界種種對象的「觸」（第六），以及對那些對象識別苦樂的「受」（第十）之階段的緣故。

那麼，為何會產生「識」呢？因為

有——「想入胎的願望」（第三）。其原因，乃是以第一的「無知」，亦即以無明的迷執為根本。

是故除非斷掉「無明」，否則就不可能超越迷執，到達開悟的世界。

這也就是佛教要說出「十二緣起」教義的理由。

這部經典顯示從「空」的立場來看，不管是欲區別無明與老死，或甚至要斷除無明，都必須跟人類的迷執格鬥才行。

在第一個階段，必須察覺到自己對於開悟是何等的無知。不過，分別無知與智慧是一種相對的想法，超越了這種差別之處，方才有真正的開悟存在。

一個連自己的無知都察覺不到的凡人，欲超越相對的差別到達開始的境地，實在是很困難的一件事情。

這本經典好像在暗示，除非具有深刻的洞察力，否則根本就無法理解真正「空」的思想。

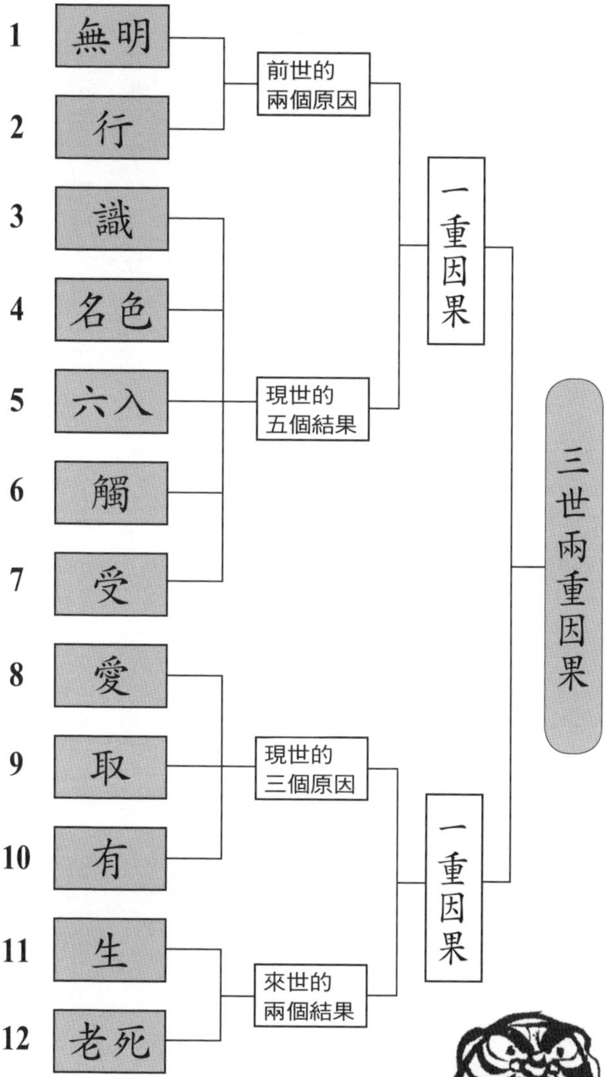
1 無明
2 行
3 識
4 名色
5 六入
6 觸
7 受
8 愛
9 取
10 有
11 生
12 老死
前世的兩個原因
現世的五個結果
現世的三個原因
來世的兩個結果
一重因果
一重因果
三世兩重因果

空

4 四個真理也是「空」

〔無苦集滅道〕

迷執的世界，有所謂「四苦八苦」的種種痛苦。為了斷掉這些痛苦，進入開悟的境地，必須認識所謂「四諦」的四項真理，也就是《心經》裡面所說的「苦集滅道」。

為何這個世界會充滿痛苦呢？因為其充滿了人類的執著心。這種執著的心就叫「集」。

除非剷除痛苦的原因，否則不管到何時何地，痛苦都不會消失。是故，必須滅盡痛苦原因的「渴愛」，這就叫「滅」。

接下來，如何才能消除人類所具有的執著心呢？

「道」就談論到這一點，「道」有八種分法，稱之為「八正道」。

換言之，為了滅除痛苦的原因，必須實踐此八種方法——

(1)看透正確的真實（正見）

(2)正確的想法及真理（正思或正思惟）

(3)說正確而真實的話（正語）

(4)展開端正的行為（正業）

(5)過正確的日常生活（正命）

四
諦
悟
道諦
滅諦
集諦
苦諦

(6)繼續保持開悟的努力（正精進）
(7)想起並記憶正確的教導（正念）
(8)把精神集中於正確的對象，安住於沒有迷執的境地（正定）

「八正道」的教導是——凡是人類所展開的行為，不管是身體力行、利用嘴巴說出，或甚至以心進行，都必須使它們正確。行為一旦端正，執著心自然就會消滅，這個世界的痛苦就會消失，不久以後，就可以抵達開悟的境地。

那麼，什麼才是正確的呢？從佛的立場來看，凡是談及正確的言行者，都是所謂的經典。

然而，對於「四諦」以及「八正道」等的佛教基本教義，《心經》也一樣把它們否定為「無」，理由是——一切都是「空」。

這也就是《般若心經》的深妙處。

這個世界所以充滿了痛苦，無非是人類自己所造成的。是故，「痛苦」的本身並沒有實體。只要能夠認識這一點，那就不必去斷除痛苦的原因。這也等於是說——必須深刻的了解到，一個人所以會感覺這個世界很痛苦，不外是自己還有一顆執著心，並且把苦與樂「差別化」的緣故。

也許有能夠治病之神，然而，也有一條在不施治療之下能夠獲救之路。

・明代釋迦摩尼佛圖像

撇開「獲救」或者「開悟」不說，只要能夠原原本本的接受老、病、死的現象，並不以此為苦，如此就可以超越痛苦，這也等於是獲救了。

5 人類本來就是一無所有

無論是哪一個人，剛生下時都是赤裸裸的，沒有一件隨身之物。人類本來就是「一無所有」的。

不過，赤裸裸被生出來的人，隨著成長，獲得衣食住的最低生活必需品。同時，憑著自己能力所獲得之物，開始產生「我的東西」的「我執」，以便跟「他人之物」區分開來。

的確，在現實的人生中，雖然生下來時都是赤裸而一無所有，但是憑著不同的家世以及父母，生活方面將有很大的差別。

成長後，憑自己努力所獲得之物，

毫無疑問的，將歸個人所擁有。

不過，只要仔細的想一想，乍看之下，一切身外之物，好像都是憑自己的能力獲得，但是類似知識、教養、學問等，都是他人給你的。

既然要在社會上生活，那就必須彼此協助地過日子。是故，能夠憑自己能力獲得之物，可說是一件也沒有。充其量，只不過是——「憑著緣分，暫時擁有他人提供的東西」罷了！

至此，你便可以了解，原來你認為自己所獲得的東西，事實上只不過是暫時借用而已！

人類本來就一無所有，根本就沒有——「我的智慧」或者「我的東西」存在。

〔無智亦無得　以無所得故〕

■無無明　亦無無明盡　乃至無老死　亦無老死盡　無苦集滅道　無智亦無得　以無所得故

本章仍然延續著前章的特點，舉出了眾多「無」。

或許，這是「空」的另一種表現方法吧？所謂的「空」也者，乃是指沒有實體之物。那麼，何物才是沒有實體之物呢？

關於這一點，前章提出了所謂十八界的世界觀，並已詳述了一番。

到了本章，又舉出十二緣起，針對「空」展開說明。

為何在十八界以後，又提出十二緣起呢？

有一句俗話說：「花兒紅豔，柳絲兒翠綠。」

正因為這種說法，花兒才會顯得美艷引人，柳絲兒才會顯得翠綠欲滴。

假如改成──「艷紅色的花兒比起其他顏色的花兒來，更為搶眼。柳絲兒很翠綠，而有著枯葉的其他樹兒，看起來很不乾淨。」──如此的說法，就已經加入了人類的價值判斷。

進入開悟之涅槃境地的人，對於這個世界的所有現象，絕對不下那種價值觀去判斷。進入涅槃境地的人，能夠以平靜的心態看一切東西。

因為對所有的東西，已經不存執著心與佔有欲，是故只會採取——「那兒有樹木，這兒有河川……」的表現方式。

總而言之，應該原原本本的接受每一件東西。

欲到達這種境地的話，非有一番決心與努力不可。不過你可以在現實生活中，一步一步地努力接近它。

像是——如果你在看一個人時，能夠超越男性或女性，老人或者年輕人，甚至美或醜的話……你不妨試一次看看！

菩提薩埵　依般若波羅蜜多故
心無罣礙　無罣礙故　無有恐怖
遠離一切顛倒夢想　究竟涅槃

● 中譯

菩提薩埵，因為依著般若波羅蜜多，是故內心沒有罣礙。正因為沒有罣礙，當然沒有恐怖，可以遠離一切顛倒夢想，到達涅槃之境。

八、自由而寬大的心

● 現代語譯

因為求開悟的人們，都會憑他的智慧完成一切、實踐一切，是故心中沒有任何的掛礙。既然沒有掛礙，當然就不會有所恐怖，可以遠離所有錯誤的想法，最後到達永遠寧靜的境地。

〔菩提薩埵〕

1 菩薩乃是努力向開悟邁進的人

——「菩薩」有三種意義——

因為「菩薩」兩個字的本來含意義——「朝向開悟邁進的人」，是故用來形容佛陀還未到達開悟之前的狀態。換句話說，在二十九歲出家的希達多，一直到三十五歲在菩提樹下開悟為止，一直都是一位菩薩；阿彌陀佛在完成誓願成為佛陀以前，一直被稱為法藏菩薩。

所謂「菩提薩埵」也者，乃是指一心一意朝開悟邁進的人。甚至省略形的「菩薩」，也不是指特定人物，而是泛指朝開悟之境邁進的人。

所謂的「佛陀」亦復如此，也是用來泛指「到達開悟之境」的人。至於釋迦牟尼佛、阿彌陀佛等套上固有名詞者，乃是意味著特定的佛陀。

菩薩方面亦復如此，凡是套上固有名詞者，如觀音菩薩、地藏菩薩、彌勒菩薩、文殊菩薩等，都是意味著特定的菩薩。

菩薩

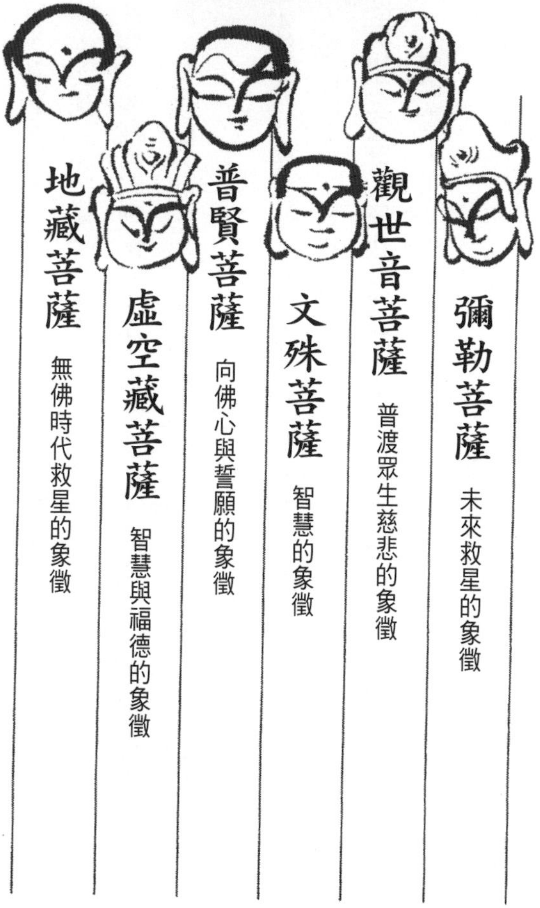
彌勒菩薩
未來救星的象徵
觀世音菩薩
普渡眾生慈悲的象徵
文殊菩薩
智慧的象徵
普賢菩薩
向佛心與誓願的象徵
虛空藏菩薩
智慧與福德的象徵
地藏菩薩
無佛時代救星的象徵

菩薩 → 如來

彌勒菩薩．未來救星的象徵
觀世音菩薩．普渡眾生慈悲的象徵
文殊菩薩．智慧的象徵
普賢菩薩．向佛心與誓願的象徵
虛空藏菩薩．智慧與福德的象徵
地藏菩薩．無佛時代救星的象徵

不過到了後來，產生了一種以前所沒有的想法。那就是——既然有那麼多人在迷執的世界裡受苦，只有自己開悟而成佛的話，被留置下來的人，不是要永久受苦嗎？

於是，又產生了一種新觀念。那就是為了殘留下來的大眾設想，自己雖然完成了成為佛陀的修行，也取得了成為佛陀的救難，向受苦受難的人伸出援手，以便大家同登佛道。具體的例子有觀世音菩薩為始的眾多菩薩。祂們也成為了廣大民眾信仰的對象。

到後來，對於擁有佛教徒的自覺，一心一意朝開悟努力的人，也冠以「菩薩」的稱呼。於是「菩薩」便意味著出家以及在家的佛教徒。

同樣一句「菩薩」，所含的意義卻有很多種。不過，《心經》裡的——「菩提薩埵」四個字，則都是意味著到達修行最後階段，不久將成為佛陀的人。因為「菩薩」兩個字是指——超越一切人間欲望，能夠保持身心平靜狀態的人。

2 到底害怕一些什麼呢？

所謂的心靜如水，到底是指哪一種狀態呢？我們先針對「恐怖」這個字眼來分析一番。

〔心無罣礙〕

對於剛生下來的嬰兒來說，這個世界也許沒有任何恐怖的東西。隨著成長，恐怖的對象方才緩慢地增多。

那麼對成年人來說，恐怖的對象又是一些什麼呢？

除了地震、打雷、火災、颱風、饑饉（旱魃）等自然現象之外，還有戰爭、盜賊、貧乏等人災，以及老、病、死等誰都無法避免的自然現象。

仔細的想想，這些恐怖現象都跟最後的「死」有連結的可能性，因此方才教人感到恐怖。如果能確定其與「死」沒有直接關係的話，恐怖心就會往無形中變弱了。

往常，除了這些恐怖的對象以外，像幽靈、妖怪、惡鬼以及陰魂作祟等，都會叫人退避三舍，理由也是人們都認為它們會危害到人的生命。

即使到了今天，科技文明一日千里的不斷進步，驅逐惡鬼以及邪靈的宗教儀式，仍然非常的盛行，且對於陰鬼作祟的恐怖心，還是存在；甚至判斷吉凶以及消災的風潮也非常的流行。

由此判斷，人們對於肉眼所看不到的「東西」，仍然抱持著恐怖心。

為何肉眼所看不到的東西，那麼教人恐怖呢？理由很簡單，那是因為我們把持著恐怖心的緣故。

換句話說，由於內心有所罣礙，才會對肉眼看不到的「東西」，產生一種「可怕」的錯覺。

內心一旦想著幽魂可能會現形，夜晚又單獨一個人在荒野走路的話，即使看到風中的蘆花，也會把它當成鬼魂。

到達菩薩階段的人，對於任何的現象，都能夠以正確的觀察眼看個清楚，縱然是死亡亦被看成是「空」的現象。是故能離開所有的恐怖事物，內心無牽無掛。這也就是《心經》所謂的「心無罣礙」。

・重慶降三世明王——斷伏煩惱障與知障

「無罣礙故　無有恐怖」

3 只要持著平常心，就不會引起恐怖心

有時，人們是為了擔心失去自己擁有的東西，才會萌出恐懼的心理。否則縱然是單獨在半夜走路，如果身無一物，根本就不怕被搶奪摸黑，那就不會萌出任何的恐怖心。

也就是說，因為心裡無牽無掛，當然就不會有所恐怖。這也正是「無罣礙故，無有恐怖」。

有道是──「越富有的人，煩惱越大」。不管是金錢或者所有物，越多越會感到失去的恐怖。然而，人類的欲望卻是永無止境的。」

「風刮下來的落葉，已經足夠用來生火燒飯了。」

真正的幸福在於擁有今日生活所需的糧食，太多的話，就會添加煩惱。話雖如此，但是絕大多數的人都貪得無厭，雖然取得了必要以上的「落葉」，但嘴裡卻一直嚷著不夠，再悄悄地把多

餘的「落葉」儲藏起來。

儲藏了以後，又害怕會失掉，利用重重的鎖保護所儲藏的東西。而且仍還嫌不夠，不斷的在儲蓄。

只要對於財產沒有執著心的話，不管失去了多少的金銀財寶，都不會感到痛苦。一開始就沒有任何財產的話，當然更沒有煩惱的必要。

到達菩薩境地的人，對於所有的東西都沒有執著心，內心也就沒有任何煩惱，而且時常能夠保持平常心。這也就是所謂「無有恐怖」。

4 覺悟到自己的無力

想一想，在這個世界裡，實在沒有比人類更為傲慢的動物了，更沒有一種生物具有像人類一般的偏頗之心。因為，我們人在世上活了二十年就自認（也獲得公認）為成年人。

所謂的成年人，乃是指其對日後的人生，必須由自己擔負起來，並且為自己開拓一條可行的途徑。

不過，你不妨冷靜的想一想，「二十年的人生經驗」能派上什麼用場呢？充其量，只是利用父母、友輩，以及眾多前輩留下來的教訓，做為自己判斷及行動的準繩而已！

人類既非全然、更不是萬能，憑二十年的體驗，怎能決定事物的正邪呢？如果又加上目

中無人的話，那就未免太膚淺了。

偏頗的心，只能產生偏頗的看法以及無知的行動罷了。

是故，首先必須承認自己的無力。因為不管是想法、交談時所使用的言詞，都是拾他人牙慧罷了。

佛勸告我們遠離一切錯誤想法。像「顛倒夢想」等，到底逃不出佛的手掌心。

佛又告訴我們，在承認自己的無力以後，今天起，就在可能的範圍裡，不斷地努力看看。佛似乎在說快點離開偏見吧！如此方能夠到達涅槃的境地。

〔遠離一切顛倒夢想〕

〔究竟涅槃〕

5 所謂涅槃就是指「死有如生」的境地

距今約兩千五百年以前，喬達摩·悉達多生為印度淨飯國的皇太子。他在二十九歲時出家，修行了六年以後，也就是在他三十五歲那年的十二月八日早晨，到達開悟之境，也就是得道而成為佛陀。

小乘佛教的說法則為——釋迦在三十歲那年的四、五月間某一個滿月之後，在菩提樹下，到達開悟的境地。不管是哪一種說法，大夥兒都認為他變成佛陀時，已進入涅槃的境界了。

這一句「涅槃」，老是被用於意味著釋尊之死。事實上，涅槃被譯成「滅」或者「寂靜」，也就是表示靜謐的狀態。

恰如吹熄蠟燭一般，「涅槃」表示燒盡了人類具有的所有欲望，獲得正確開悟的智慧狀態，也是佛教的最終目標。

到達菩薩階段的人，不久後心就會歸於平靜，永遠的離開迷執的世界。這也正是《心經》中「究竟涅槃」的意義。

的確，釋尊是在三十五歲時到達涅槃之境，但是若是到八十歲死亡為止，他的肉體仍然活著，則不管如何的吹熄煩惱之火焰，為了生存下去起見，他仍然非進食不可。故既然不能避開寒暑加身之痛苦，以及各種肉體的痛苦，就不能說是完全的到達涅槃之境了。

到釋迦八十歲肉體消滅時，身體的機能已不能發生作用，因此可說是進入了完全的涅槃。基於這種說法，釋尊的死被形容成入涅槃，而表示涅槃的形象，被稱之為涅槃像。

涅槃的狀態稱之為「生死一如」，這表示死跟生的境地差不多。

最叫人感到遺憾的是，沒有一個人在世時，能夠完全吹熄欲望之火焰。看樣子，我們仍然要受到自己煩惱的折磨。

一時的涅槃

完全的涅槃

6 以原本的姿態活著

那麼對我們來說，開悟的境地到底又指什麼呢？

佛教固然以「去除煩惱」到達開悟狀態——也就是佛陀的境地為目的。然而，它並非是否定這個世界，更非叫人早點死亡，而是叫我們——「在不矯揉造作下，找出人類活在世界上的意義。」

以「有色眼鏡」視物，不斷判斷事物的「原本狀態」。

「因為他們是我的父母，我必須重視他們。」

「因為她是我的情人，我得對她溫和一些。」

「因為是芳鄰，我得跟他打招呼。」

「因為是我自己的工作，我非認真幹不可。」

這些「因為」，就是我所說的「有色眼鏡」。也就是「不是父母，我就不重視他們」、「不是情人，我就不必溫和的對待她」、「不是鄰居，我何必給他好臉色。」……

・捨棄煩惱

正因為是基於這種相關關係下達判斷，方才會迷失自己，品嘗到痛苦的滋味。

「看清這個世界原本的狀態，以你原本的姿態活下去」——這也正是涅槃的境地。

沒有子女、情人，也沒有工作、金錢、地位，一切都是「空」。一旦到達這個寂靜的境地，就不必在人生的巨大齒輪中，埋沒個性地生存下去。

《心經》教我們——「勿被任何事物所拘束，以你原本的姿態生活。」

■菩提薩埵　依般若波羅蜜多故　心無罣礙　無罣礙故　無有恐怖　遠離一切顛倒夢想　究竟涅槃

「如果心裡的芥蒂，能夠消除的話……」

「如果內心的疙瘩，能夠去掉的話……」

——我們每天都如此想著。

一旦「心內的疙瘩」消失了（心無罣礙），自由自在的世界（涅槃）就會等待著你。

「不會感到任何恐怖。」（無有恐怖）

「有色眼鏡已消失無影無蹤，不會再萌出錯誤的想法。」（遠離一切顛倒是非的空想）

如果你能到達那種境地的話，不是太妙了嗎？因為到了那種境地，你就可以跟焦慮、坐立不安、悶悶不樂，以及不和悅，說一聲——「再見」了！

到了那種境地，你再也不可能萌出功利的想法。

現在，我們就學個敦親睦鄰的例子。

「我想跟隔壁的阿健，言歸於好。」

「有了可口的食物，應該分一點給鄰居分享。」

乍看之下，這些想法似乎是很上乘的處世之術。

然而，以佛的智慧來看，又是如何呢？

還是——「戴著有色眼鏡」。

不僅揹負著執著心及不幸，而且還自己製造出了痛苦的原因。

那是因為你認為——

「跟阿健言歸於好，就不至於脫離群眾，能夠使一切事情進行得很順利。」

「只要分食物給鄰居，堵住他們的嘴巴，他們就不會說你的閒話。」

反正，在無意識之下，仍有功利的心理在發生作用。人類本來就是以一個人為單位，不管是有利或者無利，總是一個人孤零零的存在著。

佛苦口婆心的對我們說，在有限的人生中，最好拋棄人類特有的「我執」，如此才能夠接近自由的境地。

《心經》想說的是——為了了解人世的真實，非努力拆掉內心的垣牆不可。

三世諸佛 依般若波羅蜜多故 得阿耨多羅三藐三菩提 故知般若波羅蜜多 是大神咒 是大明咒 是無上咒 是無等等咒 能除一切苦真實不虛

● **中譯**

三世諸佛，因為依著般若波羅蜜多，是故獲得了阿耨多羅三藐三菩提。所以我們知道般若波羅蜜多是大神咒、大明咒，以及無上之咒，也是無等等之咒，能夠消除一切痛苦，此乃是真實而非虛妄的事。

九、以本來面目生活的妙樂

● **現代語譯**

過去、現在、未來的佛們，由於修行深妙的智慧，很自然的就能夠獲得至高無上的開悟。是故，所謂的修行深妙的智慧，才是偉大的真言、最高的真言，也是無以倫比的真言，只有它能消除一切的痛苦。此乃是真實而非虛妄之事。

〔三世諸佛〕

1 三世諸佛之一為釋迦牟尼

《般若波羅蜜多心經》也者，乃是釋迦牟尼佛對弟子舍利弗等所演說的經典。本文中所提的「三世諸佛」，到底是怎麼一回事呢？

事實上，具有佛陀稱號者，並非只有釋迦而已。大致說來，「佛」可以分成過去佛、現在佛，以及未來佛三種。這也就是所謂的「三世佛」。

「佛」這個字並非固有名詞，而是給予「正覺者」的一種稱號。也就是說，悉達多這個人開悟、洞悉人世的真理，以致成了佛陀。

後來又產生了一種想法，認為過去的世界，必定也出現過這一類的佛。

於是，以「過去七佛」的總稱，認為在釋迦以前的時代，這個世界前後出了六位「佛」。也就是說，過去七佛的第七位佛，正是今天大家很熟悉的釋迦牟尼佛。

如此這般，對過去佛的信仰，變成了大乘佛教以後，由於把教義人格化，終於產生了無數象徵性存在的佛陀。

五蘊盛苦

・也被稱之為釋迦牟尼佛。

阿彌陀如來

・也稱為無量壽如來、無量光如來。為西方極樂淨土之主人。

藥師如來

・正式的名稱為藥師琉璃光如來。為東方琉璃世界之主。時時救助病苦的人。

毘盧舍那如來

・也稱之為盧舍那佛。意思是大佛。宇宙全體的華嚴世界之主。

大日如來

・毘盧舍那如來根據《大日經》說法時，一向都採取這種名稱。

總而言之，在理論方面，釋尊以前的無數之佛是存在的。這些佛被稱之為「過去佛」。

那麼，未來佛又如何呢？最著名者當為彌勒佛。對這些未來佛的信仰，到底是如何產生的呢？

曾經生到這個世界，已經開悟的釋迦牟尼，老早就不在人世了。在這種情形下，雖然可以從殘留下來的經典，得知佛的教導，然而根本就不能直接聽到佛的教導。這何嘗不是一件美中不足的事情？

於是，繼著釋迦牟尼佛，盛傳彌勒菩薩將成為這個世界的佛。但是必須在釋尊入滅後五十六億七十萬年以後，方才會出現。

因為，盛傳彌勒菩薩如今在兜率天為天人們說法，以致人們都希望自己生往兜率天，直接聽取彌勒菩薩的說法。也正因為如此，才產生了往生兜率天的信仰。

另一方面，在釋尊入滅後，下一位佛（彌勒菩薩）還未出現於人世的五十六億七十萬年之間，稱之為無佛時代。

於是，為了救拔在這個期間內，生下來又死去的眾生，便產生了地藏菩薩的信仰。

如此一般，對於未來佛的彌勒菩薩，以及無佛時代的救世主——地藏菩薩，都有很興盛的信仰。

· 明代山西平遙雙林寺的地藏王菩薩

〔得阿耨多羅三藐三菩提〕

2 獲得「完全而正確的智慧」

因為這句話，屢次在多數的經典中出現，故對佛教來說，沒有比這句話更重要的句子了。

「阿耨多羅三藐三菩提」的「阿耨多羅」表示「沒有比這個更高者」，意思為「無上」。「三藐」包含「正平等」之意，具有「正」或「平等」的意思。「三菩提」具有「正覺」或「完全覺悟」之意，是故被譯成「正覺」或「覺」。

全體翻譯起來應該是——「無上正等正覺」或者——「無上正等覺」。

這正是佛教的最後目的。因為，這是能夠得到「佛陀」果位的完全智慧，也就是「般若」之智慧。

這也正是過去、現在、未來的所有佛所獲得的東西，或者努力著想獲得的東西。

· 重慶宋代石刻普賢菩薩

3 般若波羅蜜多的實踐

《心經》的「阿耨多羅三藐三菩提」之後，緊接著的一句是「故知般若波羅蜜多……」

因為「阿耨多羅三藐三菩提」為佛教最終的目的，故多數的經典在最後的部分，都會列出這一句。《般若心經》正是如此。這一句話一出現，也就表示接近尾聲了。

是故，心經列出了──「般若波羅蜜多是大神咒，是大明咒……」

藉此表示般若波羅蜜多，有如何的偉大。

其最後便採取如此的結構──

（故知般若波羅蜜多 是大神咒 是大明咒 是無上咒 是無等等咒）

是大神咒
是大明咒
是無上咒
是無等等咒
能除一切苦，真實而不虛妄
……

在這一段中，「咒」字被引用了四次。那麼，所謂的「咒」又是什麼東西呢？

4 所謂「咒」，乃是用文字表示真理的東西

談到符咒很多人總以懷疑的心理及眼光來看待，這也難怪，因為符咒的確無法像化學實驗，把兩種以上的物質互相作用之後，產生的另一種物質，擺在人的眼前來證實。

或許有很多人有過如此的經驗，那就是在幼小時，跟父母一塊外出時，在偶然之間脫離父母的手，自己偷偷的跑到別處玩耍，以致跌倒而撞破了膝蓋，看到流血時，哇哇的哭個不停。

逢到這時，父母的反應有好多種。

有些父母裝成一副冷漠的樣子，等待著孩子自己站起來。有些父母會慌慌張張的奔到孩子身邊，心疼萬分的把他抱起來說：「真是不小心，好可憐的孩子，你很痛是吧？」

這種類型的父母會用手拍掉孩子膝蓋上面的灰塵，再心疼萬分的撫摸一下孩子；但有些父母則會奔到孩子身邊，如此的責罵孩子——「叫你不要亂跑，你就是不聽！才會跌倒了。你自己站起來呀！」

待孩子站起來後，再為他拍掉屁股上面的灰塵；而更有些父母把孩子抱起來後，會煞有介事的說：「叫人疼痛的妖怪滾開！滾開呀！」

父母的那一句——「叫人疼痛的妖

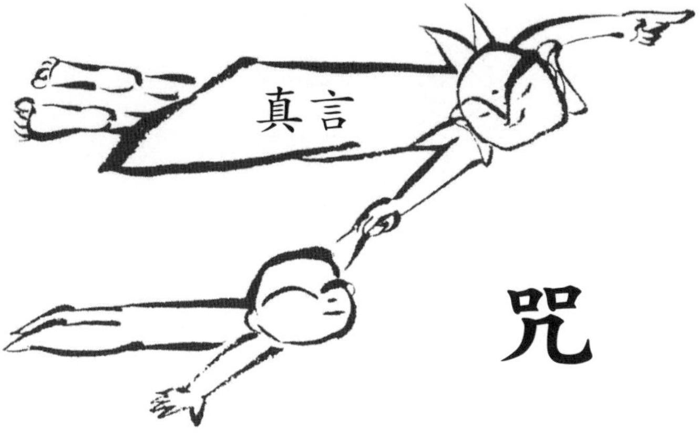

咒

怪」，並沒有任何科學的證據，尤其是逢到肉體真正疼痛時，可說一點效果也沒有。然而，以類似跌破膝蓋的小擦傷病來說，卻好像有一點緩和疼痛的作用。相信很多人都有類似的經驗。

對於一些近似「符咒」的東西，很多人都心存著懷疑的態度。事實上，這部經典所出的咒，也跟符咒有一些類似之處。

不過，《心經》裡的咒，並非一般人所驅使的詛咒，或者符咒。

《心經》裡的咒語，乃是利用文字把真理表現出來的。不過，它仍然具有人們所期待的符咒效果。

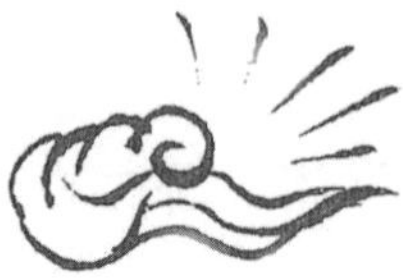

5 四種咒的含意

《心經》中提出四個咒，也就是大神咒、大明咒、無上咒，以及無等等咒。這四個咒具有什麼意義呢？

四種咒為——

・大神咒＝偉大的真言
・大明咒＝達到開悟的真言
・無上咒＝最高的真言
・無等等咒＝無以倫比的真言

總而言之，這四句真言是在強調般若波羅蜜多是非常卓越的真言。亦即彷彿在說——

「它好棒！」

大神咒

偉大的真言……

大明咒

悟了的真言……

「真是太棒了！」

「它是至高無上的咒！」

「太棒了！簡直無以倫比！」

我在前面已經說過，《般若心經》是把「般若經」的精華，濃縮為兩百六十餘字的經典。如果是以重要的程序來說，這四個重複使用的咒，也不亞於全部的《心經》。

無上咒

最高的真言

無等等咒

至高無上的真言

6 正確的智慧才能拔除一切痛苦

〔能除一切苦〕

以下是筆者在印度的體驗——

有一天，我看到一個年輕的印度少女，肚子疼得在地上打滾。我在惻隱心驅使之下，拿出了口袋裡的兩、三粒清涼劑給她服用，誰知僅僅在數分鐘之內，她就完全的痊癒了。

不過，我在給她清涼劑時，對該少女的母親說：「在下是來自日本的一名貴族。這種藥是現代萬靈丹，價錢極為昂貴，對任何病痛都有效。雖然很難拿到手，但是我不忍心看妳的女兒受苦，故特地『賜』給她兩、三粒……」

該少女一面呻吟，一面看了我一下，於是吞下那些清涼劑……

對於那一次善意的撒謊，筆者至今都不曾認為不對。

因為，當我旅行於印度幾週期間，得知印度人很憧憬日本人的生活水準。正因為如此，在給她清涼劑以前，不得不加一些暗示。

不過話又說回來了！就算預先給予對方暗示，如果授予完全沒有藥效之物的話，也不可能發揮效果。或許對於這位印度少女來說，因為有生以來不曾服過藥，以致清涼劑裡面僅含的藥劑成分，才能發揮了它們的效果吧？

透過這一次的體驗，筆者不再認為——對於擦破膝蓋的孩子，抹一些口水根本就無效。

所以說，般若波羅蜜多的「咒」，亦能夠拔除一切的痛苦。

〔真實不虛〕

7 把一切看成空吧！

《心經》說智慧的修成也就是般若波羅蜜多，是一句最教人受用的話，因為它能夠消除所有的痛苦。

同時，它還做了一句結束語說，這句真言是真實的，絕非虛妄。到底什麼是真實？什麼又是處妄呢？

根據以上的經文可看出，所謂的真實也者，乃是把這個世界的所有存在之物以及一切現象，看成「空幻」而無實體之物，也正是「虛妄」。

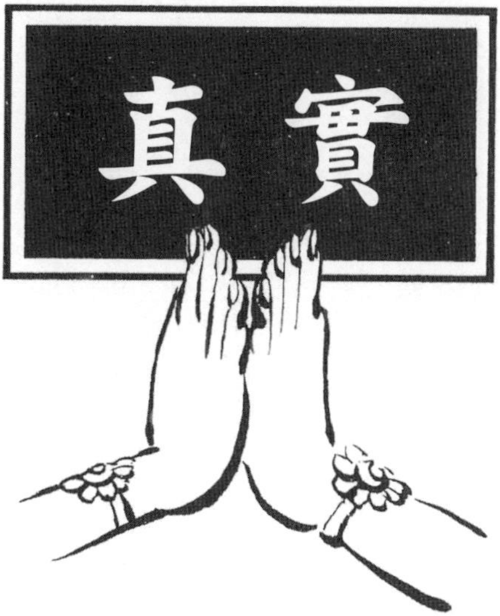

・開悟的境界

換句話說，理解一切是空幻，達到開悟之境才是真實。而導引我們走向真實者，也就是我將提出的真言。是故除了這些以外的東西，都屬於虛妄。

說得更明白一些，能夠拋棄被拘束的心，能夠看透世間的真相——這才是真實。

■三世諸佛　依般若波羅蜜多故　得阿耨多羅三藐三菩提
故知般若波羅蜜多　是大神咒　是大明咒　是無上咒　是無等等咒
能除一切苦　真實不虛

我們並非全能，就算是拿出了自己所有的東西，說出了自己所知道的東西，搬出了一切自己所能做的事情，仍然只有微不足道的一點點而已！

正因為如此，自從上古以來，人類就相信世上有超越人類智慧以及能力的絕對者。是故，一直希望被絕對者所救拔，同時也努力在接近絕對者。

佛教一直就沒說有絕對者存在，但是卻承認每一個人的內心有類似的絕對性境地，並且稱它為「佛性」。

人類由於受到肉體與心思的牽制，一直為種種的本能及欲望所苦。

如果能夠拋棄那些本能及欲望，即可使潛在的佛性顯現出來，自然就可以進入最高的開始「阿耨多羅三藐三菩提」之境地，同時能夠看透所有事物的真相（智慧），亦可以辦好任何的事情（慈悲）。

這些事情，實際上能夠做到嗎？答案是絕對能夠做到。最好的證據是包括釋尊的過去諸佛，以及談及智慧實踐的經典。

最重要的是——必須相信釋尊的存在。

是故，我們這些平凡的眾生，最好唸誦佛留給我們的「真實的話」，也就是「真言」。

「咒」這件事，並非在講俗世的道理。

有人問：「到底什麼是真實呢？」

由於科學進步，以前被認為真實的東西，一件又一件的被否定了。所謂的真實也者，固然不能憑人類貧乏的智慧以及科學的知識證明，但是反過來說，人類貧乏的智慧也難以否定一切——以你來說，你甚至無法證實自己是兒女真正的父母。可見，人類的智慧有多麼的貧乏。這件事，請你別忘記。

故說般若波羅蜜多咒　即說咒
曰　羯帝羯帝　波羅羯帝　波羅
僧羯帝　菩提薩摩訶　般若心經

● **中譯**

是故，說出般若波羅蜜多的咒，即時說出咒曰：羯帝，羯帝，波羅羯帝，波羅僧羯帝，菩提薩摩訶般若心經。

十、飛翔到安樂的世界！

● **現代語譯**

那麼，我要在最後列出修成智慧的真言。那段真言如下——往前走，往前走，走到彼岸，完全到達彼岸的人，才是真正到達領悟之境的人。可喜可賀！「這是一部對智慧的修成，有著最重要教導的聖典。」

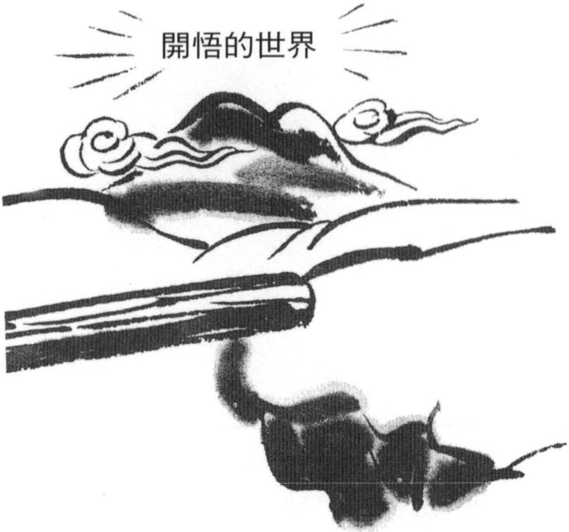

〔羯帝 羯帝〕

1 踏出到彼岸的第一步

至此《般若心經》也快結束了。是故佛對我們說：「這以前是說明，這以後才是真言。」以致，加入「故說般若波羅蜜多咒，即說咒曰……」的字句。

這句的含意是——「那麼最後我要把修成智慧的真言『般若波羅蜜多咒』搬了出來。那一句真言，也就是如下所述的……」

接著，進入了真言的「羯帝」。

也就是說，《心經》真體的般若波羅蜜多真言，已經開始了。

經典翻譯者玄奘三藏，故意不把真言譯成中國字，而採取音譯的方式留給後代的人。有人說，真言最好不要說明，這樣效果似乎比較大。這一句真言的全意是——從這個迷執的世界到達開悟的世界。

也就是說，踏出了「前往彼岸」的第一步。

2 所謂真言，乃是表示開悟內容的祕語

「波羅羯帝」

那麼，真言為何要採取音譯的方式呢？因為玄奘三藏譯《心經》時，真言被認為是表示佛以及菩薩開悟（悟道）內容的祕言之故。

既然是祕言，那就不便於利用意譯的方式。是故，對於從「羯帝羯帝」開始，以「菩薩僧莎訶」收尾的《般若心經》真言，我們也應該以那種態度來接受。

真言雖表示開悟（悟道）的內容，但是它只能給我們一種聲音的印象。

不過，這句真言是永久不變的。它能超越時間、空間、眾多的生生死死，始終不會變。

羯帝——前往

羯帝——前往

波羅羯帝——前往彼岸

……

真理這種東西，再說上幾萬言也難以表現萬一。充其量只能傾聽，或者口口相傳罷了。

3 再也不回迷執的世界

「羯帝羯帝」這一句話，打開了一條到彼岸的道路，如果走到中途停頓的話，那就一點用處也沒有了。

如果在橋上不前進的話，將掉到橋下，再回到地獄或者惡鬼的世界。

是故，非成為「波羅僧羯帝」不可，這也就是完全抵達彼岸的意思，亦即意味著再也不回到迷執的世界了。

不過，在前項的「羯帝，羯帝」以下，關於真言的文學方面，使用了種種不同的漢字。

〔波羅僧羯帝〕

羯帝＝羯諦　羯帝

波羅僧羯帝＝波羅僧羯諦

波羅僧羯帝

這些不外是把梵語音譯而已。是故，不同的譯者，不一定能使用相同的音譯字。

當然啦！真言必須誦唸才有意義，只要是同音就可，不同的字也不可厚非，反正效果都相同。

4 到達開悟的世界

「菩提」

幫你們修成智慧的真言，談到這裡也將要結束了。

完全地抵達彼岸的人們，必須安住於「開悟」的世界，是故出現了「菩提」這個文字。

〔薩婆訶〕

5「可喜可賀」

《心經》的最後一句「薩婆訶」，乃是唸誦真言時，在最後必須加上的一句話。

這句話的梵語含意為「吉祥」、「圓滿」以及成就等。我則把它譯成「可喜可賀」或者「大功告成」。

以基督教來說，禱告的最後一句話，就是所謂的「阿門」，這句希伯來語也是含有「真誠」的意義。

同樣的，《心經》最後一句「薩婆訶」，亦含有「真是可喜可賀」、「真的太好」的意義。

關於這句「薩婆訶」，有很多經典寫成「娑婆訶」。然而，真言最重要者在於讀音，只要讀音相同，就是不同的字，也無所謂。

6 佛的說法到此結束

以上釋尊說的「法」，本經就到此為止。是故，為了表示至此本經已經結束起見，最後又再把經題搬了出來。關於這種作風，並非只限於《心經》，其他的經典亦復如此。

至此，讀者諸君們到底能理解《心經》的含意到何種程度呢？

這部經典由修成智慧，業已到達彼岸的佛陀所說出，而筆者仍然是一個在迷執世界徬徨的凡夫。是故，說得坦白一點，或許能完全懂的人，才教人感到不可思議呢！

〔般若心經〕

不過，話又說回來，這是一部自古以來就被民間廣為傳誦的經典，就算只能理解一小部分，每天努力把它付諸實踐的話，一定也會給你帶來多多少少的光明。

· 山西崇慶寺北宋文殊菩薩

■故說般若波羅蜜多咒　即說咒曰
羯帝　羯帝　波羅羯帝　波羅僧羯帝　菩提薩婆訶　般若心經

終於來到彼岸了。

所有的痛苦已經完全的被克服了。因為我們已經明白，這個世界的一切都是「空」的真理。以致，對於生、老、病、死都看淡了。從今以後，不必受到拘束，能夠以我們本來的面目生活下去。

本章意味著在進入這種開悟的境地以前，不妨誦唸一下真言。

「羯帝，羯帝，波羅羯帝，波羅僧羯帝，菩提薩婆訶。」

所謂的「真言」也者，乃是顯示開悟內容的祕言。只要誦唸它，就可以進入開悟之境，可以到達靜寂的世界。

「春天看燦爛的花朵，夏天聽杜鵑歌唱，秋天看皓月，冬天看冷冰冰的雪。」

——這是道元禪師所說的話。如此地看盡世間原本的姿態，也就是開悟。

對我來說，動手撰寫《般若心經》的注釋本，這已經是第二冊了。出版第一冊注釋本時，筆者所屬的淨土宗本願寺派，對此事有所詬病，筆者也免不了受到相當的批評。的確，對淨土真宗各派，以及日蓮系各宗派來說，根本就不使用這部《般若心經》。然而，至少對淨土真宗來說，並非基於「無甚用處」、「不正確」或者「權宜性的說教」，而不用《心經》。

對於我們這些凡夫俗子來說，《心經》到底是一部艱澀難懂的經典，不管它如何正確的展開教導，還是很難以適應我們的需要。這也就是筆者受到批評的最大理由。說得更明白一些，《心經》不僅太深奧難懂，同時想把它所敘述的內容付之實踐的話，那簡直是等於癡人說夢。

話雖如此，我還是壯著膽子，對《心經》展開第二次的挑戰。我所持的理由是——縱然深奧難懂，如果一開始就表示放棄的話，那就不像處處講求道理的現代人了。另外一個原因是——就算一開始就知道不可能，但是只要努力去理解，並且試著去實踐的話，多多少少總是有收穫，比起把它「束之高閣」來，還是強多了。

就是主張專心唸佛的淨土宗——法然的流派，也使用《般若心經》；連採報恩唸佛立場的親鸞，當他居住於比叡山的三十年之間，仍然拼命研讀《般若心經》，一直努力想理解它約含意。

同時，以最澄、空海為始的大部分日本佛教宗派的祖師們，都很重視《般若心經》，不僅僅唸誦，而且還把它付之實踐。正因為如此，我認為活在現代的我們，如果以內容深奧為理由，不去研讀它，而把它冷藏起來，那未免太可惜了！

我儘量的利用照片、插圖等，使本書的內容豐富，努力把它製成現代版的「看圖學心經」。

我奉勸讀者諸君，如果讀一遍不甚明白的話，可以兩遍、三遍的重覆。如此一來，你必定會有所收穫的。

〈全書終〉

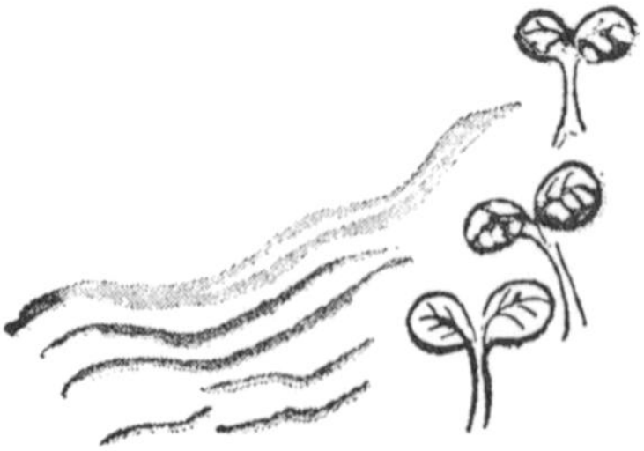

國家圖書館出版品預行編目資料

心經 68 個人生大智慧／花山勝友 著 -- 三版 --
新北市：新潮社文化事業有限公司，2021.07
面；　公分

ISBN　978-986-316-801-0（平裝）

1. 般若部　2. 佛教修持
221.45　　110006397

心經 68 個人生大智慧

花山勝友／著

【策　劃】林郁
【發行人】翁天培
【企　劃】天蠍座文創
【出　版】新潮社文化事業有限公司
電話：(02) 8666-5711
傳真：(02) 8666-5833
E-mail：service@xcsbook.com.tw

【總經銷】創智文化有限公司
新北市土城區忠承路 89 號 6F（永寧科技園區）
電話：(02) 2268-3489
傳真：(02) 2269-6560

印前作業　菩薩蠻數位文化有限公司

三　　版　2021 年 7 月